Ingrid Trobisch und Elisabeth Rötzer

Mit Freuden Frau sein ...

2. Teil: Fragen und Antworten aus der Praxis

R. BROCKHAUS VERLAG WUPPERTAL

Bücher, die dieses Zeichen tragen, wollen die Botschaft von Jesus Christus
in unserer Zeit glaubhaft bezeugen.

Das ABCteam-Programm umfaßt:
— ABCteam-Taschenbücher
— ABCteam-Paperbacks mit den Sonderreihen:
  Glauben und Denken (G+D) und Werkbücher (W)
— ABCteam-Jugendbücher (J)
— ABCteam-Geschenkbände

ABCteam-Bücher erscheinen in folgenden Verlagen:
Aussaat Verlag Wuppertal / R. Brockhaus Verlag Wuppertal
Brunnen Verlag Gießen / Bundes-Verlag Witten
Christliches Verlagshaus Stuttgart / Oncken Verlag Wuppertal
Schriftenmissions-Verlag Gladbeck
ABCteam-Bücher kann jede Buchhandlung besorgen.

© 1977 Ingrid Trobisch und Elisabeth Rötzer

1977
Umschlaggestaltung: Ralf Rudolph, Ratingen
Druck: Herm. Weck Sohn, Solingen

ISBN 3-417-12132-9

Allen Ehepaaren,
die den Höhenweg beschreiten wollen,
den dieses Buch vorschlägt.

Vorwort

Vor einigen Jahren veröffentlichte meine Frau ihr Buch: »*Mit Freuden Frau sein — und was der Mann dazu tun kann*«. Damals ahnten wir nicht, daß wir auf das zweite Kapitel, »Umgang mit Zyklus und Fruchtbarkeit«, die meisten Leserbriefe erhalten würden. Zwei Dinge kamen dadurch zum Ausdruck: Einmal eine große Hilflosigkeit auf diesem Gebiet — zum anderen eine große Entdeckerfreude, ein Verlangen, sich Unbekanntes zu eigen zu machen.

Gleichzeitig mußten wir feststellen, daß die Information, die das Kapitel gab, ungenügend war — sowohl für die Hilflosen wie für die Entdecker. Das Kapitel hatte ja nur Ehepaare anregen wollen, sich einmal mit dieser Möglichkeit eines Lebens in Harmonie mit der eigenen Fruchtbarkeit vertraut zu machen.

Wir waren selbst erstaunt, wie freudig und dankbar diese Anregung von vielen Ehepaaren aufgegriffen wurde. Die Leser zeigten jedoch, daß zur praktischen Anwendung noch mehr Information und Schulung nötig waren.

So entspann sich also ein reger Briefwechsel mit Lesern des Buches meiner Frau, der schließlich ihre zeitlichen und teilweise auch ihre sprachlichen Möglichkeiten übertraf, da Deutsch nicht ihre Muttersprache ist. Sie rief also — ähnlich wie in dem biblischen Bericht vom Fischzug des Petrus, als das Netz zerriß — ihren »Gesellen im anderen Boot« (Luk. 5:7) zu Hilfe und sandte mit Erlaubnis der Verfasser die Briefe teilweise an unseren Freund und Berater, Herrn Dr. med. Josef Rötzer, weiter, der in unserer Nähe wohnt. Er beschäftigt sich seit 1951 mit der Beobachtung des Zyklus der Frau und darf heute als einer der Weltexperten auf diesem Gebiet gelten.

Mit beispielhafter Sorgfalt und Geduld, von der sich der Leser dieses Buches selbst überzeugen kann, hat sich Herr Dr. Rötzer nun dieser Leserbriefe angenommen und sich, wenn nötig, sogar in einen Briefwechsel über eine lange Zeitspanne hinweg eingelassen. Schließlich überstieg diese Aufgabe, die sich ihm ja zusätzlich zu seiner eigenen Korrespondenz stellte, selbst seine Möglichkeiten, und er rief nun seinerseits wieder eine »Gesellin« zu Hilfe in der Person seiner Tochter Elisabeth, die vor dem Abschluß ihres Theologiestudiums steht und die bei der Auswertung und Interpretation der mehr als 10 000 Zyklusverläufe sowie bei der damit verbundenen wissenschaftlichen Untersuchungen zur rechten Hand ihres Vaters geworden ist.

Noch ein vierter Mitarbeiter muß vorgestellt werden. Es ist der Gynäkologe Dr. med. Rudolf Vollman in der Schweiz, der teilweise mit zugezogen wurde. Seine bahnbrechende Arbeit: *»The Menstrual Cycle«* (W. B. Saunders, Philadelphia 1977), die in Fachkreisen in den USA größtes Aufsehen erregte, ist leider noch nicht auf Deutsch erschienen. Er hat den Begriff des »gynäkologischen Alters« der Frau geprägt und ist, soviel wir wissen, der einzige Arzt, der Aufzeichnungen der gesamten Zyklen einzelner Frauen besitzt, angefangen von deren erster Monatsblutung bis hin zur letzten.

So entstand also eine Zusammenarbeit zwischen meiner Frau, Dr. Rötzer, seiner Tochter Elisabeth und Dr. Vollman, von der dieses Buch Zeugnis gibt. Es ist kein »geschriebenes« Buch mit einheitlichem Stil und Duktus, sondern ein Arbeitsbuch. Der Leser wird nicht in ein fertiges Haus geführt, sondern nimmt Einblick in eine Werkstatt. Er darf den Beratern bei ihrer Arbeit gewissermaßen über die Schulter schauen und Einsicht gewinnen in die Fragen und Nöte anderer, aus der er Mut schöpfen und eigene Schlüsse ziehen kann. Gleichzeitig wird er aufgefordert, Mitarbeiter zu sein und sich an der Erforschung von Neuland zu beteiligen.

Im Grunde sind die anfragenden Leser im selben Maße Autoren dieses Buches wie die Beantworter ihrer Briefe. Teilweise sind diese aber auch so zusammengestellt, daß ein Leser dem anderen antwortet und so die Leser, obwohl sie sich natürlich nicht kennen, miteinander ins Gespräch kommen. Gleichzeitig lernen aber auch die Berater von den Ratsuchenden, indem sie deren Fragen beantworten und ihnen wichtige Informationen liefern, die diese wieder an andere weitergeben können. So entsteht ein gegenseitiges Geben und Nehmen. Alle Beteiligten dieses Buches sind miteinander auf dem Weg in ein Neuland menschlicher Erfahrung von Gottes Schöpfungswunder.

Die Briefe sind geordnet nach Lebenssituationen und ausgewählt nach den Hauptfragen, die immer wieder auftauchen. An den Überschriften der Kapitel kann der Leser sich leicht orientieren. Jeder Beratungsfall ist in sich selbst abgeschlossen und erklärt sich aus sich selbst. Darum wurden Wiederholungen bewußt in Kauf genommen und nicht vermieden. Es sind echte und nicht literarisch zurechtgemachte Briefwechsel mit wirklichen und nicht erfundenen Menschen, die ihre Probleme genau so ausdrücken, wie dieses Buch sie vorlegt und die zur Veröffentlichung ihrer Briefe ihr Einverständnis gaben.

Drei Dinge werden an diesen Briefwechseln deutlich:

1. Welche Wege werden hier durchschritten! Welche Lernprozesse spielen sich hier ab! Von der Fünfzehnjährigen, die ihren Zyklus »auf den Mond schießen« möchte — bis zu der jungen, reifen Frau, die angesichts des Wunders des Zyklusgeschehens anbetend vor ihrem Schöpfer auf die Knie geht — welch ein Weg!

Da ist der Mann, der das Buch meiner Frau am liebsten verbrennen möchte, weil er meint, daß die Sympto-Thermal-Methode zu unsicher sei — und da ist andererseits die Mutter, die meiner Frau böse ist, weil die Methode zu sicher sei und sie deshalb keine Enkel bekommt. Und dann ist da die fromme Frau, die für Knaus-Ogino plädiert, gerade wegen der Unzuverlässigkeit dieser überholten Methode, denn da habe »Gott wenigstens noch eine Chance«.

Am Aufeinanderprallen dieser Meinungen wird die ganze Hilflosigkeit deutlich, mit der der moderne Mensch dem Umgang mit der eigenen Fruchtbarkeit gegenübersteht. Dieses Buch nimmt diese Menschen bei der Hand und versucht, ihnen einen Weg zu zeigen.

2. Dieser Weg ist ein Höhenweg. Hier betreten wir heiligen Boden. Leben entstehen lassen ist ein Wirken mit Gott. Es ist eine heilige Handlung, die getragen sein muß von hohem Verantwortungsbewußtsein. Hier ist kein Platz für Oberflächliche und Leichtfertige. Es ist beeindruckend, mit welchem Ernst, welcher Genauigkeit, ja Akribie hier zu Werke gegangen wird. Hierin drückt sich eine Bejahung der eigenen Leiblichkeit aus, ein Grad der Selbstannahme, hinter der ein neues Ernstnehmen der Geschöpflichkeit des Menschen steht. Dadurch aber wird die Tür geöffnet zu einer lebendigen, persönlichen Beziehung zum Schöpfer.

3. Der Höhenweg, der in diesem Buch aufgezeigt wird, kommt aus einer tiefen, unerschütterten Bejahung des Lebens. Bedenkt man, daß sich in Amerika etwa ein Viertel aller Ehepaare, die sich in den fruchtbaren Jahren befinden, sterilisieren ließen, dann versteht man den besorgten Ausspruch des Dichters und Propheten Solzhenitsyn: »Der Westen hat den Willen zum Leben verloren.«

Dieses Buch will helfen, ihn wiederzufinden.

Walter Trobisch

Inhaltsverzeichnis

licher Schleim (90) — ... und IUD (94) — Wir haben uns entschlossen, die Spirale einsetzen zu lassen (94) — ... nach dem
IUD (Spirale) (96)

Einleitung

Die Lektüre des Buches von Ingrid Trobisch »Mit Freuden Frau sein« (R. Brockhaus Verlag, Wuppertal, 9. Auflage, 1976) sowie des Buches von Josef Rötzer »Kinderzahl und Liebesehe« (Verlag Herder, Freiburg i. Br.-Basel-Wien, 9. Auflage, 1977) ist im Grunde Voraussetzung zum vollen Verständnis des hier vorliegenden Buches, da nur durch diese beiden Bücher der Gesamtzusammenhang deutlich wird.

»Worum es geht«:

Sie sehen auf der nächsten Seite ein Diagramm. Daran wollen wir kurz die in diesem Buch beschriebene Vorgangsweise erklären.

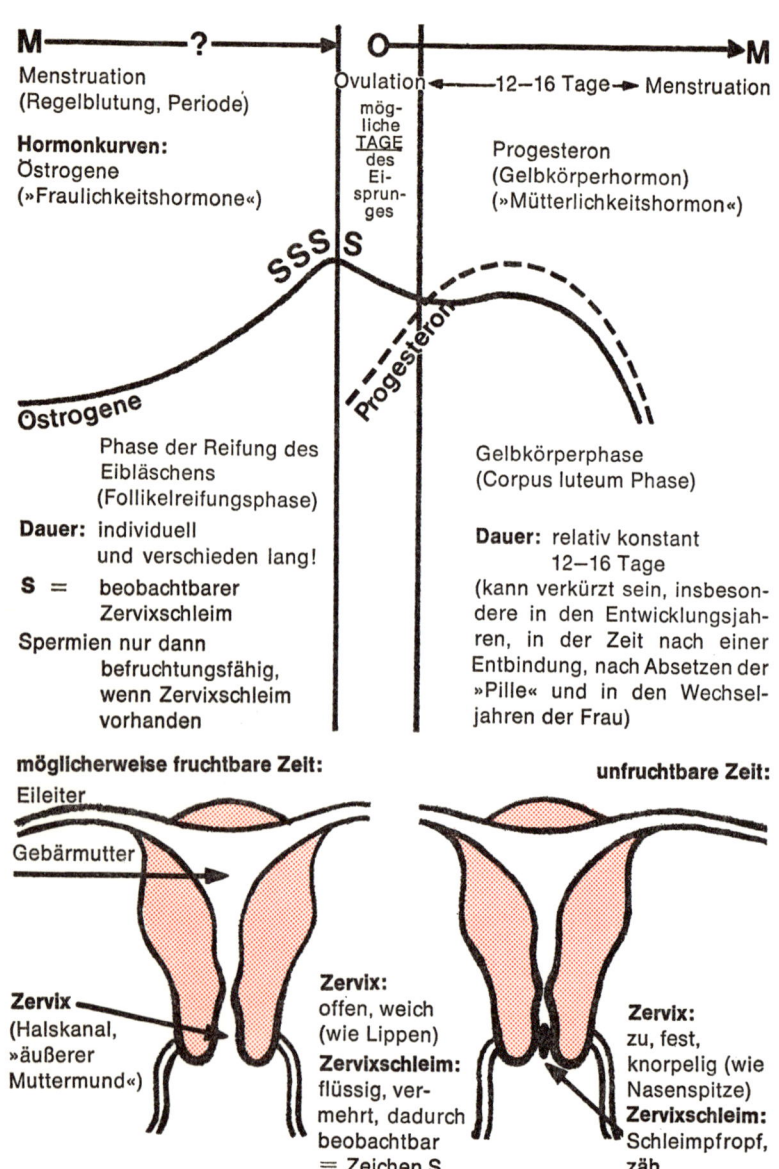

M———————?————————→ | O————————————————————→M

Menstruation
(Regelblutung, Periode)

Ovulation ◄————12–16 Tage—► **Menstruation**

Hormonkurven:
Östrogene
(»Fraulichkeitshormone«)

mög-
liche
TAGE
des
Ei-
sprun-
ges

Progesteron
(Gelbkörperhormon)
(»Mütterlichkeitshormon«)

SSS S

Ostrogene

Progesteron

Phase der Reifung des
Eibläschens
(Follikelreifungsphase)

Dauer: individuell
und verschieden lang!

S = beobachtbarer
Zervixschleim

Spermien nur dann
befruchtungsfähig,
wenn Zervixschleim
vorhanden

Gelbkörperphase
(Corpus luteum Phase)

Dauer: relativ konstant
12–16 Tage
(kann verkürzt sein, insbesondere in den Entwicklungsjahren, in der Zeit nach einer
Entbindung, nach Absetzen der
»Pille« und in den Wechseljahren der Frau)

möglicherweise fruchtbare Zeit:

Eileiter

Gebärmutter

unfruchtbare Zeit:

Zervix
(Halskanal,
»äußerer
Muttermund«)

Zervix:
offen, weich
(wie Lippen)
Zervixschleim:
flüssig, ver-
mehrt, dadurch
beobachtbar
= Zeichen S

Zervix:
zu, fest,
knorpelig (wie
Nasenspitze)
Zervixschleim:
Schleimpfropf,
zäh

Aussehen des Zervixschleimes der »hochfruchtbaren« Zeit:
dehnbar, elastisch, fadenziehend, glasig (siehe Anhang a und b!)

Temperaturkurve und Selbstbeobachtung:

Wichtigste Frage für die Frau in jedem Zyklus:
»Wann beginnen bei mir die möglicherweise fruchtbaren Tage, und wann ist das Ende dieser möglicherweise fruchtbaren Tage?« (Es ist *nicht möglich*, den Tag des Eisprunges zu bestimmen.)

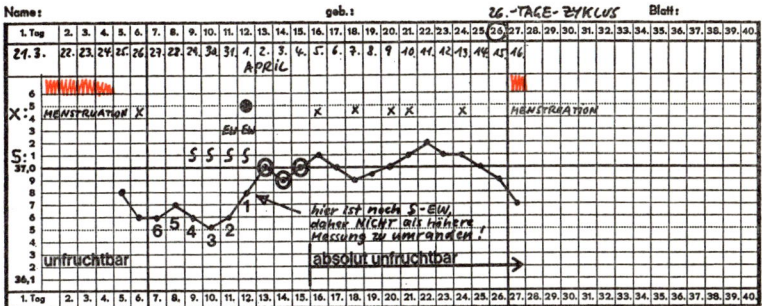

Zeichen in der Tabelle:

X	=	Zeichen für vollen ehelichen Verkehr
S	=	Zeichen für die Schleimabsonderung; Eintragungen der Selbstbeobachtung sollen auf dieser Linie vorgenommen werden. (Anleitung zur Beobachtung des Cervixschleimes: siehe Anhang a!)
S-EW	=	sieht ähnlich aus wie das Eiweiß (EW) des rohen Eies; manche Frauen bevorzugen den Ausdruck »glasig« (gl).

Aufwachtemperatur:

WICHTIG: unmittelbar nach dem Erwachen messen, vor jeder anderen Tätigkeit.

Es genügt ein normales, geeichtes Fieberthermometer. Das Thermometer muß in Reichweite — z. B. am Nachtkästchen — bereit liegen. Das Quecksilber wird bereits am Abend vorher auf unter 36 Grad Celsius hinuntergeschüttelt.

13

Technik des Messens:

— rektal: Messung im Mastdarm; etwa 5 Minuten lang
— vaginal: Thermometer einfingergliedlang in die Scheide einlegen; etwa 5 Minuten lang
— oral: das Thermometer unter die Zunge legen, Mund fest schließen, durch die Nase atmen (sehr wichtig); 8 bis 10 Minuten lang messen.

Zeitpunkt des Messens:

Es ist *keineswegs* notwendig, immer zum gleichen Zeitpunkt zu messen. Viel wichtiger ist es, sofort nach dem Aufwachen die Messung vorzunehmen; Unterschiede in den Meßzeiten bis zu zwei Stunden sind belanglos.

Außergewöhnliche Meßzeiten (besonders nach 7.30 Uhr morgens) sollen aber in der Tabelle vermerkt werden.

Kurzfristiges Aufstehen in der Nacht stört nicht.

Frauen mit *Nachtdienst* wählen als Ersatz für die Messung am Morgen eine *täglich gleichbleibende Uhrzeit* am späten Nachmittag oder am Abend, nachdem sie vorher etwa eine Stunde entspannt geruht haben (z. B. stets um 18 Uhr oder stets um 20 Uhr . . .). Zusammen mit der Selbstbeobachtung ergeben sich ganz deutliche Unterschiede zwischen der niedrigen und hohen Temperaturphase.

In diesem Buch gelangen vorwiegend schwierige Fälle zur Darstellung. Dadurch soll sich der Leser aber nicht entmutigen lassen. Viele Ehepaare leben mit diesem Weg der Familienplanung jahrelang — ohne große Schwierigkeiten. (Auch ein solches Zeugnis finden Sie in diesem Buch.)

Wichtig für diese Ehepaare als Mitarbeiter dieses Buches als auch für uns Herausgeber ist es, zu betonen, daß dieser Weg der Familienplanung nicht eine »Methode« der Empfängnisverhütung ist, sondern eine ganz bestimmte Lebensform. (»Natural family planning is not contraception but a way of life!«)

Das Märchen des mehrfachen Eisprungs

6. Februar 1976

Liebe Frau Trobisch!

... und damit wäre ich schon bei meinem Anliegen, nämlich Ihrem Buch »Mit Freuden Frau sein ...«

Was Sie über Schwangerschaft, Geburt und Stillen schreiben, kann ich nur voll bejahen und unterstreichen, weil ich es persönlich auch so erlebt habe. Daß Sie in so besonderer Weise auf den Wert und das »Wie« des Stillens hinweisen, halte ich für überaus wichtig und wünschte von Herzen, daß Ihre Hinweise und Ratschläge weithin Schule machen.

Jetzt kommt aber mein Aber: Ich weiß nicht, ob Sie schon von anderer Seite auf diesen Punkt hin angesprochen worden sind. Ich meine, die Sicherheit der Ovulationsmethode. Ich habe hier Ehepaare aus der Bekanntschaft und eigenen Verwandtschaft vor Augen. Wie begeistert waren sie von Ihrem Buch und bauten auf die Empfängnissicherheit bei Beachtung der Aufwachtemperatur. Die trotzdem eingetretene Schwangerschaft ist in den betreffenden Fällen insofern tragisch, als die vorhandene Kinderzahl schon die körperlichen und nervlichen Kräfte voll beansprucht hat — ganz abgesehen von den räumlichen und finanziellen Verhältnissen. Meine ganz persönliche Meinung ist zwar, daß auch diese Kinder von Gott her gesehen keine »Zufallskinder« sind. Trotzdem muß die Frage nach der Sicherheit der Ovulationsmethode gestellt werden. ... Sie schreiben (S. 54): »Die Änderung der Temperatur ist auf die Bildung des Hormons Progesteron zurückzuführen, das zugleich die Freigabe eines weiteren Eies aus dem Eierstock verhindert. Es ist wichtig, sich daran zu erinnern, denn dies bedeutet, daß es in jedem Zyklus eine *eindeutig* bestimmte Phase der Unfruchtbarkeit gibt, die durch die Temperaturerhöhung erkannt werden kann.« Und S. 58: »Die kombinierte Beobachtung von Zervixschleim und Temperatur bietet also die größte Sicherheit.« An dieser Stelle kommen nun meine Einwände. Wir selbst haben die Aufwachtemperatur gemessen und die Ovulationsmethode auch anderen jungen Ehepaaren angeraten, *bis* wir vor ca. 8—10 Jahren in einer Zeitschrift gelesen haben, daß es nach medizinischen Erkenntnissen in einem Zyklus durchaus mehrere Eisprünge geben kann. Ich habe mich vor kurzem mit einem erfahrenen Frauenfacharzt unterhalten. Nach der Ovulationsmethode befragt, antwortete er: »Auf lange Zeit gesehen hat das in meiner Praxis nur bei den Paaren geklappt, wo die Frau sowieso steril war.« Er bestätigte, daß jederzeit durch Freude, Schreck, Luftveränderung usw. ein Eisprung eintreten kann. Danach kann man doch die Ovulationsmethode nicht mit einer Sicherheit von 0,7 bewerten, wie in Ihrem Buch auf S. 63.

Liebe Frau Trobisch, dieses Problem läßt mich nicht zur Ruhe kommen. Werden die enttäuschten Paare, die auf Sicherheit vertraut haben und jetzt doch ungewollt Eltern werden, über ihre Enttäuschung das so sehr Gute in Ihrem Buch über Geburt und Stillen überhaupt noch beherzigen? Mir klingen noch die verbitterten Worte im Ohr: »Empfehlt bloß dieses Buch nicht weiter!« — Ich weiß zwar auch nicht, liebe Frau Trobisch, was überhaupt noch zu tun bleibt, nachdem dieses Buch gedruckt und auf dem Markt ist. Vielleicht könnte man den noch zu verkaufenden Büchern einen entsprechenden Hinweis beilegen. Ich meine, gerade weil Sie das vorliegende Buch bewußt als Christ geschrieben haben, muß es auch in allen Punkten glaubhaft und stichhaltig sein.

Ich bin gewiß, daß Sie mir dieses offene Wort nicht verübeln werden; ich fühlte mich jedenfalls innerlich dazu gedrängt.

Mit freundlichen Grüßen
R. K.

21. Februar — Antwort von Dr. Rötzer

Sehr geehrte Frau K.

Da Ihr Brief an Frau Ingrid Trobisch ausschließlich die medizinische Seite des Buches »Mit Freuden Frau sein« betraf, habe ich Frau Trobisch den Vorschlag gemacht, daß ich auch die Antwort schreiben will.

Ich verstehe ohne weiteres, daß bei der gegenwärtig in der Öffentlichkeit herrschenden Stimmung jene Art der Empfängnisregelung, wie sie Frau Trobisch beschreibt, Skepsis erwecken muß. Auch in der medizinischen Ausbildung kam der Unterricht über die Physiologie des weiblichen Zyklus viel zu kurz. Daher sind mir die negativen Stellungnahmen vieler in der Praxis tätigen Gynäkologen nur zu gut bekannt. Allerdings muß ich allen diesen Damen und Herren vorwerfen, daß sie dieses Fachgebiet nicht genügend studiert haben und ohne das nötige Fachwissen ihr voreiliges Urteil abgeben. Das ist um so bedauerlicher, da sie ja von der Glorie des Fachmannes umgeben sind und dergestalt die ratsuchenden Ehepaare in Verwirrung stürzen müssen.

Nun zu Ihrer speziellen Frage des zweiten oder weiteren Eisprunges, oder überhaupt jenes Eisprunges, der einfach »jederzeit durch Freude, Schreck, Luftveränderung usw.« eintreten könne. Es gibt nicht eine einzige Arbeit in der gesamten Weltliteratur, die nachgewiesen hätte, daß nach erreichter Temperaturhochlage und damit nachgewiesener Gelbkörperwirksamkeit ein weiterer Eisprung aus den oben angeführten Gründen eintreten könne und eingetreten wäre. Es gibt auch keine einzige Arbeit in der gesamten Weltliteratur, die besagt, daß aus diesem Grunde in der erreichten Temperaturhochlage eine Schwangerschaft eingetreten wäre. Im Gegenteil, es liegen die Aufzeichnungen einiger hunderttausend Zyklen vor, daß nach erreichter Temperaturhochlage eine absolut unfruchtbare Zeit vorliegt.

Sie werden vielleicht fragen, wieso ich dies mit einer derart unbedingten Sicherheit behaupten kann. Einerseits kenne ich die wichtigsten einschlägigen medizinischen Arbeiten in deutscher, englischer und französischer Sprache, und habe diese entweder im Original oder in Form von Ablichtungen bei mir zu Hause zur Verfügung. Ich beschäftige mich auch bereits seit dem Frühjahr 1951 mit diesem

Problem, also seit nunmehr 25 Jahren. Dann hatte ich die Ehre, von internationalen Stiftungen zu einschlägigen Kongressen eingeladen zu werden, auch von der Weltgesundheitsorganisation nach Genf zu einem Expertentreffen im Februar 1976.

Auf diesen internationalen Symposien seit Juni 1973 in Washington, USA, April 1974 in Rom, Mai 1975 in Boston, USA und in Genf waren wir jeweils ein bis zwei Dutzend Leute aus allen Erdteilen versammelt, die diese Frage entweder theoretisch studiert oder praktisch erprobt hatten, darunter auch Nur-Wissenschaftler, welche der praktischen Anwendung mit Vorbehalten gegenüberstanden. In einem waren sich alle Experten der Weltliteratur einig: es gibt bei der Frau eine eng begrenzte und bestimmbare fruchtbare Zyklusphase, und es gibt mit Sicherheit keinen zweiten Eisprung in der Gelbkörperphase.

Auf diesen Symposien sind sehr harte Worte gegen jene gefallen, welche einen zweiten Eisprung immer wieder behaupten. Es sind dies »Altweibergeschichten, die seit 100 Jahren immer wieder nacherzählt werden, ohne daß die Betreffenden eine Ahnung vom Sachverhalt haben«. Es sind dies »verantwortungslose Märchen«, mit denen Unsicherheit verbreitet wird. Im Kreise all dieser Experten und zuletzt unter der Aufsicht der Weltgesundheitsorganisation konnte niemand irgend etwas dagegen sagen, daß es eben in der gesamten Weltliteratur keinen Beweis für einen zweiten Eisprung oder eine eingetretene Schwangerschaft in der ausgebildeten Gelbkörperphase gibt!

Somit kann Frau Trobisch in ihrem Buch mit Recht behaupten, daß die von ihr beschriebene Vorgangsweise derart verläßlich ist. Es besteht daher auch gar kein Anlaß, dem Buch einen »entsprechenden Hinweis« beizulegen, der etwas zurücknehmen sollte.

Ich will mich aber nicht nur darauf beschränken, die Angriffe gegen Frau Trobisch einfach entsprechend begründet zurückzuweisen, sondern ich möchte Ihnen konstruktive Vorschläge machen.

Jeder Kollege, der Ihnen gegenüber das Märchen vom zweiten Eisprung erzählt, möge mir den entsprechenden Beweis zusenden, also Unterlagen oder Literatur, die das schlüssig beweisen. Aber bitte keine Nacherzählungen, daß diese oder jene Frau so etwas erlebt hätte, ohne das belegen zu können.

Ich darf mir erlauben, Ihnen einen Werbetext für mein Buch beizulegen, das im November 1975 in 8. Auflage erschienen ist. In diesem Buch liegt eine »Antwortkarte«, mit der man mich anschreiben kann und auch Beschwerden vorbringen kann. Falls jemand eine ungewollte Schwangerschaft behauptet, dann mögen mir die entsprechenden Aufzeichnungen zugeschickt werden. Wie derartige Aufzeichnungen zu führen sind, ist aus dem Anhang in meinem Buch ersichtlich. Damit Sie einen ersten Eindruck hierüber gewinnen können, lege ich Ihnen ein Sonderexemplar vom »Anhang« bei. Zumindest muß aus den Aufzeichnungen zu ersehen sein, wo sich der Temperaturanstieg befindet (6 niedrigere Messungen und 3 höhere Messungen) und wo in diesem Bereich ehelicher Verkehr war. Die *Selbstbeobachtung* des Zervixschleimes ist vielleicht in manchen Fällen noch wichtiger, doch gelingt sie nicht bei jeder Frau sofort.

Sie stellt einen Lernvorgang dar, der sich mit der Zeit von selbst einstellt. Ich habe derzeit einen Forschungsauftrag einer amerikanischen Stiftung und sammle Tausende von Zyklen, wie ich Ihnen einen ebenfalls beilege. Die junge Frau, geb. 1947, hat zwei Kinder und bringt alle notwendigen Beobachtungen bei. Mit Grünstift mache ich jeweils die Auswertung und sende die Aufzeichnungen an die betreffende Frau zurück. Auf diese Weise gehe ich auch jedem einzelnen Fall nach, bei dem eine Schwangerschaft eingetreten ist. Ich gehe derartigen Fällen sogar sehr sorgfältig nach, weil das betreffende Paar aus so einem Ereignis sehr viel lernen kann. Die Zahl der ungewollten Schwangerschaften liegt bei meinen Beobachtungen bei einem Pearl-Index von 0,7, wie es Frau Trobisch auch in ihrem Buch erwähnt. Alle gleichlautenden Untersuchungen, die die Ehepaare sorgfältig betreuen und beraten, berichten ebenfalls über einen Pearl-Index um 1,0. Es gibt aber keine einzige Schwangerschaft nach der 3. höheren Messung, wenn beim Feststellen der höheren Messungen bestimmte Regeln eingehalten werden. (Man darf erst nach dem Aufhören des »Eiweiß-Schleimes« mit dem Umranden beginnen. Siehe unterer Zyklus der beiliegenden Ablichtung.) (Siehe nachfolgende Abbildung.)

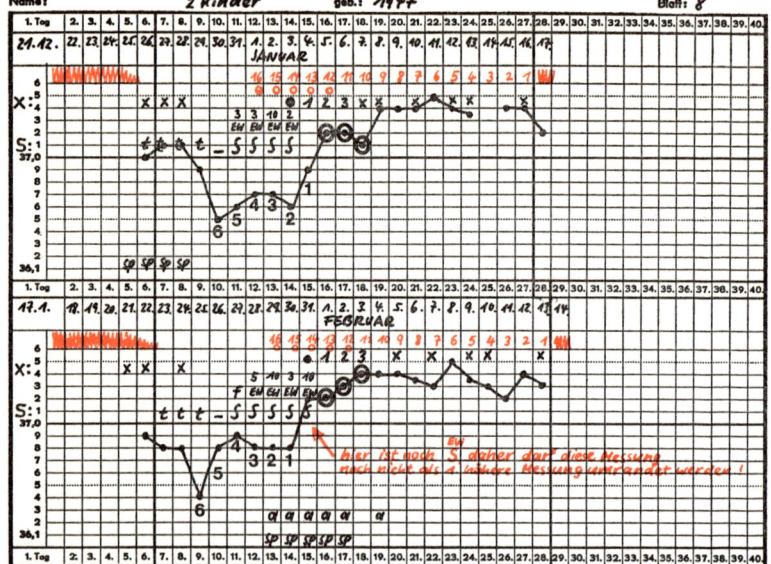

Es ist erfreulich, wie bereitwillig die Frauen mitarbeiten, wenn sie einmal den Wert dieser Selbstbeobachtung entdeckt haben. Es ist überraschend, daß sich immer wieder unregelmäßige Zyklen normalisieren, weil einfach eine Angst der Frau wegfällt und sie den Ablauf ihres Zyklus direkt verfolgen kann.

Ich bitte Sie also, jede Frau, die eine ungewollte Schwangerschaft behauptet, an mich zu verweisen. Ich habe eine Art Fernkurs entwickelt, damit ich die notwendigen Unterweisungen nacheinander verschicken kann. Es ist zu wenig, wenn man nur eine kurze Gebrauchsanweisung irgendeines Frauenthermometers liest oder wenn man sich nach der Kurzanleitung eines Buches richtet, das ja nur interessieren will, aber keine komplette Anweisung geben kann. In meinen Schulungskursen schärfe ich den Frauen immer wieder ein, daß sie nicht sofort die Bestimmung der fruchtbaren und unfruchtbaren Tage vornehmen dürfen, sondern zuerst Erfahrung sammeln sollen und oft auch fragen müssen. Wenn ein Berater unmittelbar zur Verfügung steht, ist bereits die Auswertung des ersten laufenden Zyklus möglich, in dem man zum Messen und Beobachten beginnt. Ich mache auch einen derartigen Telefondienst, in dem ich sofort Anweisungen und die Auswertung geben kann.

»Die Zukunft gehört der natürlichen Geburtenregelung«, wurde einmal von einem Ordinarius der Gynäkologie gesagt. Wenn viele Ehepaare mitarbeiten wollen, könnten wir bald die Skeptiker davon überzeugen. Zumindest ist jetzt bereits der Beweis zu erbringen, daß diese sogenannte sympto-thermale Methode bei richtiger Anwendung ebenso verläßlich ist wie die tägliche Einnahme der »Pille«, ohne aber der Gesundheit der Frau zu schaden.

So verbleibe ich mit den besten Empfehlungen und freundlichen Grüßen Ihr

J. Rötzer

26. 2. 1976

Sehr geehrter Herr Dr. Rötzer!

Ganz herzlich möchte ich mich für Ihren ausführlichen Brief bedanken, der ungeheuer interessant für mich war. Wie ich schon an Frau Trobisch geschrieben habe, sind wir persönlich auch durchaus mit der Ovulationsmethode vertraut und haben sie selbst »erfolgreich« praktiziert. Uneingeschränkt stimme ich Frau Trobisch zu, wenn sie auf S. 69 ihres Buches schreibt: »... Die Ovulationsmethode unterscheidet sich grundlegend von allen anderen Methoden, weil sie aus einer anderen Lebenseinstellung entspringt und hinter ihr ein anderes Menschenbild steht.« Ehrlich gesagt hätte für mich der Gedanke, daß meine eigene Tochter einmal jahrelang oder gar jahrzehntelang die Pille nehmen würde, nicht nur etwas Unsympathisches, sondern sogar Furchterregendes, sowohl im Blick auf sie selbst als auch auf eventuelle Kinder. Und ohne Zweifel wäre es ohne diese ruhmreiche Erfindung heute besser um die Moral mit allen Folgeerscheinungen bestellt.

Ob es möglich sein wird, »meine« Frauen mit der ungewollten Schwangerschaft dafür zu gewinnen, Einsicht in ihre Messungen zu gewähren, weiß ich nicht. Ebenso vermag ich im Augenblick auch nicht zu sagen, ob ich mit dem erwähnten Frauenarzt Rücksprache nehmen kann. Seinerzeit hatte ich Gelegenheit, anläßlich eines längeren Krankenhausaufenthalts ausführlich mit ihm zu sprechen. Darf ich vielleicht später noch einmal darauf zurückkommen und an

Sie schreiben, wenn eventuelle Unterlagen oder Literatur vorliegen sollten? — Mir war es jedenfalls ein Anliegen, Ihnen umgehend zu antworten und mich zu bedanken.

Sie schreiben, daß Sie eine Art Fernkurs entwickelt haben. Sehr aufschlußreich war dann für mich der folgende Passus in Ihrem Brief: »Es ist zu wenig, wenn man nur eine kurze Gebrauchsanweisung irgendeines Frauenthermometers liest, oder wenn man sich nach der Kurzanleitung eines Buches richtet, das ja nur interessieren will, aber keine komplette Anweisung geben kann. In meinen Schulungskursen schärfe ich den Frauen immer wieder ein, daß sie nicht sofort die Bestimmung der fruchtbaren und unfruchtbaren Tage vornehmen dürfen, sondern zuerst Erfahrung sammeln sollen und oft auch fragen müssen . . .« Meinen Sie nicht auch, daß ein solcher Hinweis in dem Buch von Frau Trobisch wichtig gewesen wäre? Nach Durchsicht Ihres Anhangs, den Sie mir freundlicherweise zugeschickt haben, neige ich fast zu der Ansicht, daß es gar nicht einmal so sehr der umstrittene 2. Eisprung ist, den es zu beachten gilt, als vielmehr eine intensive Schulung in der Ovulationsmethode.

Nochmals ganz herzlichen Dank für Ihre Mühe und Ihren ausführlichen Brief, der mir sehr wertvoll ist.

Anmerkung:

Der Ausdruck »Ovulationsmethode« wird jetzt nur mehr für die »Ovulationsmethode nach Dr. Billings« verwendet. Es ist dies eine alleinige Selbstbeobachtung und Auswertung des Zervixschleimes *ohne* Temperaturmessung.

Die Kombination von Selbstbeobachtung des Zervixschleimes (unter Einschluß eventuell noch weiterer vorhandener Symptome) *und* Temperaturmessung wird international als »sympto-thermale Methode« bezeichnet.

1. Kapitel

Noch im Entwicklungsprozeß

»Warum klappt es bei mir nicht?«

12. März — Frau B., verlobt, will nach der Hochzeit nicht sofort ein Kind haben.

Mit großem Interesse habe ich Ihr Buch »Mit Freuden Frau sein« gelesen. Da ich 21 bin und verlobt, habe ich mit viel Enthusiasmus die Temperatur-Methode ausprobiert. Mein Verlobter hat die Seiten des Heftes vorbereitet.

Ich war sehr enttäuscht. Es klappt überhaupt nicht. Am besten lege ich Ihnen einige Beispiele bei. Die Temperatur steigt nicht so einleuchtend an nach der Ovulation: Sie geht ständig auf und ab. Nur die Beobachtung des Schleimes gab mir eine Ahnung der ungefähren Zeit der Ovulation. Aber diese kann sich auf eine ganze Woche hinausziehen!

Außerdem habe ich schon immer sehr unregelmäßige Perioden. Kann man in dieser Lage die Zeit der Ovulation überhaupt im voraus wissen? Sie werden verstehen können, daß ich nach so großer Hoffnung sehr enttäuscht bin. Warum klappt es bei mir nicht? Es ist doch viel schwerer, mit einem unregelmäßigen Zyklus bewußt zu leben, als wenn man nur 25 oder 28 Tage zählen muß. Die Methode hatte mir eingeleuchtet. Die Pille will ich nicht nehmen.

Wir wollen bald heiraten. Beide wünschen wir uns mehrere Kinder, so Gott will. Aber da mein Verlobter noch drei Jahre studiert, müssen wir in den ersten Jahren unserer Ehe auf ein Kind verzichten. So stellt sich das Problem der Geburtenregelung paradoxerweise schon, bevor wir überhaupt miteinander gelebt haben. Das alles habe ich als junges Mädchen mir ganz anders vorgestellt und erträumt. Jetzt sieht alles ganz anders aus. Was können wir tun? Einen Frauenfacharzt wegen meiner unregelmäßigen Periode aufsuchen?

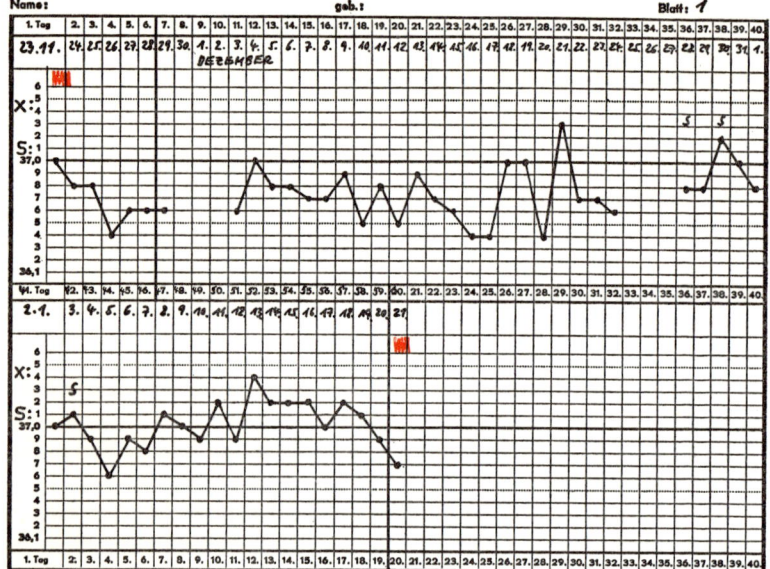

26. März — Antwort von Ingrid Trobisch

Ihre Aufzeichnungen zeigen etwas sehr Typisches für junge Frauen, wie ich es immer wieder zu sehen bekomme: manchmal sehr lange Zyklen, in denen die Temperatur scheinbar nur planlos auf und ab geht, und andererseits Zyklen mit sehr kurzen Temperaturhochlagen. Solche Temperaturverläufe sehe ich als eine Herausforderung an, um noch mehr über den Entwicklungsprozeß des eigenen Körpers zu erfahren und zu lernen, ihn besser zu beobachten. Ihren Brief und Ihre Aufzeichnungen habe ich an Dr. Vollman in der Schweiz und an unseren ärztlichen Berater, Dr. Rötzer, geschickt. Dessen Antwort kann ich Ihnen beilegen:

Da Sie als junge Frau von 21 Jahren einen anstrengenden Beruf ausüben, der einen oftmaligen Wechsel des Wohnsitzes mit sich bringt, ist es gar nicht so verwunderlich, daß Ihr Zyklus große Unregelmäßigkeiten zeigt. Wir finden ganz ähnliche Verhältnisse bei Studentinnen — alle diese Lebenssituationen haben eine Streßeigenschaft gemeinsam. Schon eine besonders regelmäßige Lebensführung könnte zu einer Besserung der Zyklusverhältnisse führen. Darunter

24

verstehe ich eine geregelte Schlafenszeit, Arbeitszeit und besonders auch Essenszeit, wozu auch Freizeit und Erholung gehören.

Dazu kommt noch, daß Sie sich — gynäkologisch gesehen — noch im Entwicklungsprozeß befinden.

Sie schreiben, daß das Schleimsymptom eine ganze Woche vorhanden sein kann. Auch das ist durchaus normal. Worauf ich nun Ihr Augenmerk lenken möchte, ist die verfeinerte Selbstbeobachtung. Es wäre wichtig zu erfahren, ob Sie innerhalb Ihres Zeichens S Unterschiede beobachten können, insbesondere ob ein typisch glasiges S, welches dehnbar und elastisch ist, bei Ihnen auftritt. Als Hilfe für diese Selbstbeobachtung lege ich Ihnen zwei Merkblätter bei: »Erste Anleitung zur Selbstbeobachtung der fruchtbaren Tage« (Anhang a) und »Das weiterführende Merkblatt zur Selbstbeobachtung der fruchtbaren Tage« (Anhang b).

Wenn Sie dieses »glasige — S« oder den »Eiweiß-Schleim« beobachten können, so zeigt dieser die möglicherweise fruchtbaren Tage direkt an. Vor oder im Anschluß an diesen »Eiweiß-Schleim« können Tage mit einem anderen Zeichen S auftreten. Vorher würde diese andere Art des Schleimes einen Hinweis dafür geben, daß bald mit den besonders fruchtbaren Tagen zu rechnen ist, so daß es auch für Sie möglich werden kann, daß Sie den Beginn der möglicherweise fruchtbaren Tage bestimmen können. Es ist ja nicht so wichtig, den genauen Tag des Eisprunges festlegen zu wollen, sondern viel wichtiger ist es, daß die Frau in jedem ihrer Zyklen weiß: Wann beginnen bei mir die möglicherweise fruchtbaren Tage und wann hören sie auf. Schon allein Ihre intensive Beschäftigung mit all diesen Dingen kann zur Folge haben, daß der Zyklus regelmäßiger wird. Dieses eigenartige Phänomen kann ich bei Frauen immer wieder beobachten. Messen Sie bitte mit viel Geduld weiter! Wenn ein Zyklus zu Ende ist, können Sie mir Ihre Aufzeichnung wieder zur Einsichtnahme zusenden.

Es ist an sich zweckmäßig, vor einer Heirat einen Frauenfacharzt aufzusuchen. Es ist aber sehr schwer vorauszusagen, welche Behandlungsmaßnahmen er Ihnen wegen der unregelmäßigen Zyklen vorschlagen wird. Da Sie aber noch jung sind, könnte es sein, daß eine unzweckmäßige Behandlung die ganze Zyklusbeobachtung später nur stört! Ich würde Ihnen daher vorschlagen, sich vorläufig nur untersuchen zu lassen, ob Sie gesund sind, und dann die nächsten Zyklen abwarten, ob sich diese nicht von selbst regulieren.

7. *April* — Frau B.

Mit meinem heutigen Schreiben möchte ich Ihnen nur danken, daß ich mich an Sie wenden kann in bezug auf die wichtige Frage der Geburtenregelung, für die Sie eine praktische und interessante, aber von mir noch nicht ganz verstandene Methode vorschlagen. Wenn mein Zyklus zu Ende ist, werde ich Ihnen meine Aufzeichnungen zusenden und Sie um Ihre weitere Hilfe bitten.

Sie wissen ja, daß mein Verlobter und ich bald heiraten wollen, daß wir aber in der ersten Zeit unserer Ehe auf ein Kind verzichten müssen. Ist es Egoismus, eine solche Situation willentlich einzugehen? Aber sollen wir wirklich noch drei Jahre warten, bis alle Dinge geordnet sind, und wir auch gleich ein Kind bekommen können?

19. *April* — Ingrid Trobisch

Die Beendigung des Studiums halte ich für einen ausreichenden Grund dafür, daß ein Ehepaar noch einige Zeit auf ein Kind warten will. Der vorläufige Verzicht auf Kinder ist ohnehin ein Opfer für Sie, außerdem wird die Vermeidung einer Empfängnis bei Ihrem Zyklus nicht ganz einfach sein. Wenn Sie diese Schwierigkeiten bewußt tragen und durch Selbstdisziplin meistern wollen, sehe ich in Ihrem Entschluß zu heiraten keinen Egoismus.

Es erreichen uns immer wieder Briefe von jungen Frauen, besonders auch von Mädchen im Alter von 15, 16 Jahren, die mit der Unregelmäßigkeit ihrer Zyklen nicht zurechtkommen. So formulierte eine 15jährige ihre Unzufriedenheit mit ihren Aufzeichnungen: »Ich könnte meinen Zyklus auf den Mond schießen!«

Wertvolle Hilfe und Grundlage für die Beantwortung dieser Fragen wurde uns von Dr. Rudolf Vollman und seiner Frau und Mitarbeiterin Emmi.

Vollman sagt, daß das Fortpflanzungsgeschehen der Frau seinen eigenen »Lebenslauf« hat, das heißt, daß es sich je nach Lebensalter in seiner Gestalt wandelt. Durch die Aufzeichnung der Temperaturschwankungen innerhalb der Zyklen wird diese Gestaltwandlung sichtbar. Auf diese Weise läßt sich der »Lebenslauf« der Zyklen verfolgen. Man kann dann deutlich drei Abschnitte unterscheiden:

1. Einen Aufstieg. Er entspricht der Adoleszenz im Lebenslauf des Zyklus.

2. Ein Plateau. Es entspricht der Reifezeit, in der optimale Fruchtbarkeit besteht.

3. Einen Abstieg. Er entspricht dem »Klimakterium« oder den »Wechseljahren« des Zyklus.

In seiner langjährigen Tätigkeit als Gynäkologe in der Schweiz entwickelte Vollman den Begriff des »gynäkologischen Alters«:

Wichtig für die Auslegung eines Zyklus ist es zu wissen, wann die Frau ihre erste Blutung (Menarche) hatte. Dieser Zeitpunkt ist das Jahr 1 für das gynäkologische Alter einer Frau.

Ein Mädchen beispielsweise, das mit 15 ihre erste Monatsblutung hatte, ist mit 20 gynäkologisch nur 5 Jahre alt. Ein anderes Mädchen hat seine erste Monatsblutung schon mit 11 und ist mit 20 gynäkologisch 9 Jahre alt. Über die gynäkologischen Entwicklungsjahre junger Mädchen schreibt Vollmann in seinem Buch »Fruchtbarkeit und Temperaturkurve der Frau«, Kyklos-Verlag, Zürich 1947, S. 24—26:

»Zeigt die Temperaturkurve eines jungen Mädchens zwischen zwei Blutungen keinen Temperaturanstieg (vgl. Abb. A), so bedeutet dies, daß das Mädchen noch in den Entwicklungsjahren steht. Die Entwicklungsjahre erstrecken sich häufig bis in das 20. Lebensjahr, also lange über den Zeitpunkt hinaus, an dem die körperliche Entwicklung abschließt. In solchen Temperaturkurven junger Mädchen treten hin und wieder kurz dauernde drei- bis neuntägige erhöhte Temperaturphasen auf (vgl. Abb. B). Die Reife zur Fortpflanzung erreicht eine Frau erst dann, wenn diese »erwachsene« erhöhte Temperaturphase von zehn bis sechzehn Tagen Dauer regelmäßig vor jeder Periode auftritt. Aus dieser Darstellung erklärt sich eine bestimmte, scheinbare Unfruchtbarkeit junger Frauen, die erst einige Jahre nach Aufnahme des Geschlechtsverkehrs das längst ersehnte erste Kind empfangen. Diese Frauen heirateten — auch wenn sie bereits volljährig gewesen wären — noch in den Entwicklungsjahren und blieben bis zum Abschluß ihrer Geschlechtsentwicklung unfruchtbar. Sie bedürfen keiner ärztlichen Behandlung, sondern müssen nur die nötige Geduld aufbringen, bis ihre Entwicklung spontan in die Zeit der Geschlechtsreife übergeht.«

Auch die große Unregelmäßigkeit der Periodenabstände ist ebenfalls ein Anzeichen dafür, daß die Entwicklung der Frau noch nicht abgeschlossen ist. Durch Medikamente oder Hormone kann man die Periode *nicht* »regulieren«, ganz im Gegenteil: dadurch wird die Entwicklung nur verzögert und die Unregelmäßigkeit vergrößert. Darum auf keinen Fall die »Pille« gebrauchen. Die Zeit, die es braucht, um körperlich erwachsen zu werden, kann man nicht künstlich verkürzen.

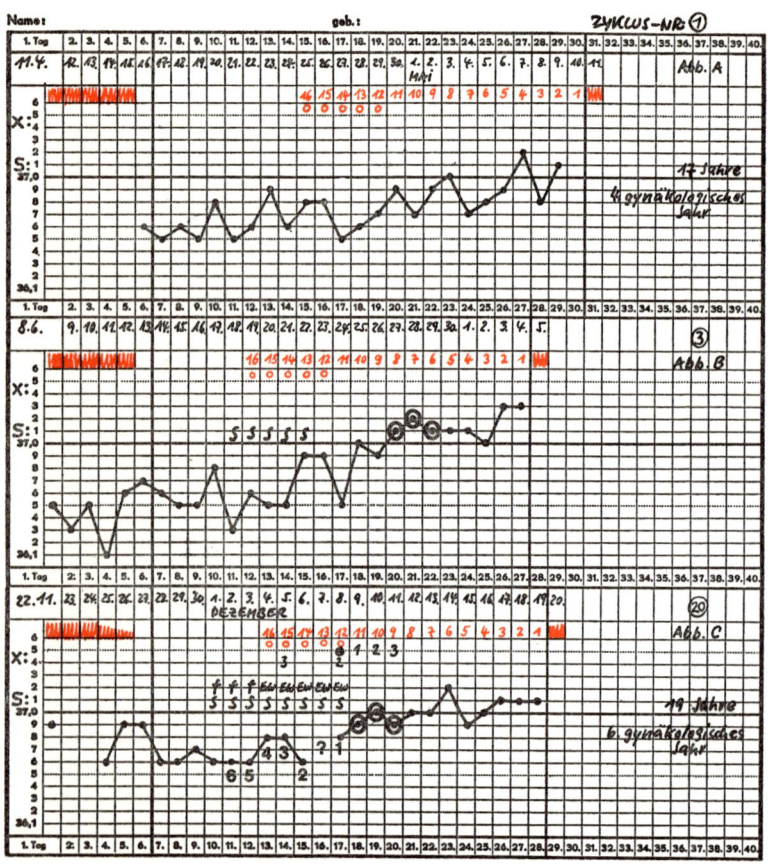

11. Mai — Frau B.

Nach vielen Überlegungen — nachdem die Antworten von Dr. Rötzer und Dr. Vollman eingelangt waren — kam ich zu folgendem Entschluß:

Die Gründe — zu wenig Schlaf, Alkohol oder falsche Temperaturmessung — sind ausgeschlossen. Allerdings dürfte mein häufiger Wohnungswechsel doch eine Rolle spielen. Dr. Rötzer hat vorgeschlagen, daß ich ihm meine Temperaturkurven zur Begutachtung zusenden kann. Und ich bin glücklich, daß ich auf den Grund dieser Probleme gehen und soweit als möglich alles ans Licht bringen kann.

Die unsichere Lage für meinen Verlobten in Beziehung auf sein Studium hat uns zu der Entscheidung gebracht, unser Hochzeitsdatum noch etwas hinauszuschieben. Inzwischen führe ich die Beobachtungen über die verschiedenen Phasen meines Zyklus weiter. Ich kann sagen, es fällt mir nicht schwer und es ist kein Opfer für mich. Im Gegenteil, ich freue mich, wenn ich nun sehe, daß das Erscheinungsbild meiner Aufzeichnungen »normal« wird.

2. Kapitel

Ein allmählicher Lernprozeß

»Mir war es am Anfang sehr zuwider«

21. August — Frau J., 19 Jahre, unverheiratet

Von Anfang an hat mich Ihr Buch »Kinderzahl und Liebesehe« sehr interessiert, und ich las es Seite für Seite aufmerksam durch. Dann begann ich mit der Temperaturmessung. Ich muß Ihnen ehrlich gestehen, mir war es am Anfang sehr zuwider. Doch nun habe ich mich daran gewöhnt, und jetzt ist es für mich zu einer Selbstverständlichkeit geworden. Ich bin sehr froh darüber, daß ich die Temperaturmessung durchführe und werde es auch in Zukunft immer tun.

Und nun zu meinem Problem: Ich möchte gerne wissen, wann bei mir die fruchtbare Zeit beginnt, und vor allem, wann der Eisprung stattfindet. Ich habe Ihnen Fotokopien jedes Monats beigelegt. Wie Sie sehen, kann ich das Zeichen S (Schleim) bei mir nur sehr selten oder überhaupt nicht feststellen. Bitte sagen Sie mir, wie genau ich die Tabellen ausführe und was ich besser machen könnte.

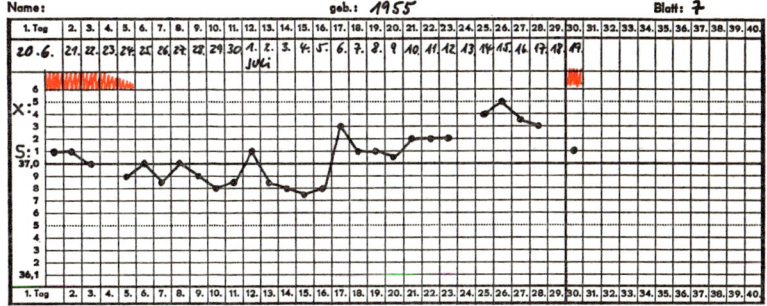

3. September — Dr. Rötzer

Es ist eine immer wieder gemachte Erfahrung, daß die Messung der Aufwachtemperatur nach einiger Zeit zur Gewohnheit wird. Allerdings müssen oft anfängliche Schwierigkeiten überwunden werden, wie Sie ja selbst erlebt haben. Bevor ich auf Ihre eigentlichen Fragen eingehe, möchte ich Sie darauf hinweisen, daß eine bessere Beobachtung des Zeichens S möglich ist. Diese wiederum läßt eine weitere Eingrenzung der möglicherweise fruchtbaren Tage zu. Es ist ja für die Frau nicht so wichtig, daß sie den Tag des Eisprunges feststellen kann, sondern sie soll wissen: wann beginnen meine möglicherweise fruchtbaren Tage und wann ist ihr Ende. Als Hilfe zu einer Verfeinerung der Selbstbeobachtung der fruchtbaren Tage habe ich eigene Merkblätter zusammengestellt, die ich Ihnen heute beilege. (Siehe Anhang a und b.)

Wenn Sie sich die »Erste Anleitung zur Selbstbeobachtung der fruchtbaren Tage« und das »Weiterführende Merkblatt...« durchlesen, werden Sie feststellen können, wie wichtig eine derart verbesserte Beobachtung des Zeichens S wäre. Die Erfahrung hat gezeigt, daß fast jede Frau dieses Zeichen S beobachten kann. Wenn das bei Ihnen noch nicht der Fall war, könnte der Umstand daran schuld sein, daß Sie diesem Zeichen S zu wenig Bedeutung zugemessen haben und daher auch nicht so aufmerksam waren.

Durch die Fähigkeit, das Zeichen S an mehreren Tagen zu beobachten, ist eine Frau in der Lage, das Herannahen des Eisprungs rechtzeitig wahrzunehmen. Der Eisprung erfolgt ja nicht in jedem Zyklus zur selben Zeit. Wenn er nun einmal früher im Zyklus eintreten sollte — was bei jeder Frau vorkommen kann —, dann macht sich dies durch ein früheres Auftreten des Zeichens S bemerkbar. Versuchen Sie nun bitte, sich an jedem Tag nach der Regelblutung zu beobachten und eine dieser Beobachtung entsprechende Eintragung in der Tabelle vorzunehmen. Diese Selbstbeobachtung ist ein allmählicher Lernprozeß, der bei einer entsprechend interessierten Beschäftigung mit dieser Aufgabe sich mit der Zeit von selbst einstellt. Die Selbstbeobachtung soll kein krampfhaftes »Suchen« sein und auch keine Belastung für die Frau. Die entsprechenden Empfindungen und Wahrnehmungen sollen sich mit der Zeit selbst ergeben.

Wenn Sie nun einen Zyklus mit dieser verfeinerten Beobachtung aufgeschrieben haben, möchten Sie mir dieses Blatt zur Einsichtnahme zusenden. Für diesen ersten Beobachtungsmonat wäre es auch gut, wenn Sie sich neben der Tabelle ein Blatt Papier zurechtlegen, auf dem Sie Ihre täglichen Beobachtungen zum Zeichen S mit eigenen Worten festhalten. Diese genaueren Aufschreibungen sind nur für den Anfang gedacht, später genügt wieder die alleinige Eintragung in die Tabelle.

Wenn Sie trotz dieser Anleitungen nicht zu einer Beobachtung des Zeichens S gelangen können, möchten Sie mir das bitte eigens mitteilen. Es gibt noch eine weitere Möglichkeit, das Zeichen S dennoch zu beobachten.

16. Oktober — Frau J.

Es ist tatsächlich so, daß man bei genauerer Beobachtung einiges lernen kann. So konnte ich bei meinem jetzigen Regelmonat das Zeichen »S« sehr gut feststellen und auch den Schleim auf 2 cm ausziehen, allerdings nur an einem Tag. An den darauffolgenden Tagen war der Schleim noch sichtbar, jedoch ausziehen konnte ich ihn nicht mehr. Ansonsten hatte ich während dieser Tage nur das Gefühl des »Feuchtwerdens«.

Kann ich also mit Sicherheit annehmen, daß, solange das Zeichen S vorhanden ist, der Eisprung noch nicht vorbei ist? Für Ihre Erklärungen und Antworten auf meine Fragen möchte ich Ihnen sehr herzlich danken und bitte Sie, mit Ihnen in Verbindung bleiben zu dürfen.

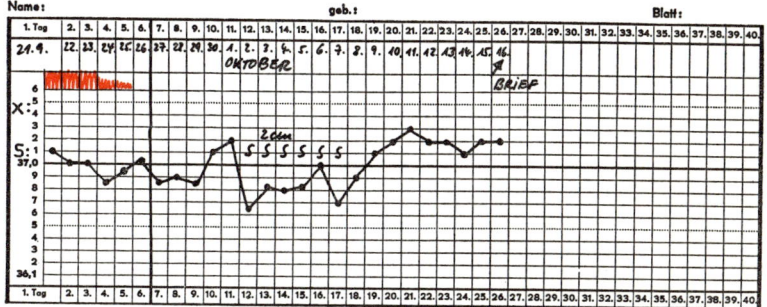

31. Oktober — Dr. Rötzer

Die Beobachtung im Zyklus ab dem 21. 9. ist sehr gut gelungen! Damit kein Mißverständnis aufkommt, sollen Sie den Schleim, den Sie ausziehen können, als den sogenannten »Eiweiß-Schleim« mit den Großbuchstaben EW oberhalb des Zeichens S eigens kennzeichnen. Manche Frauen bevorzugen die Beschreibung »glasig« für diesen eigentümlichen Schleim. Welchen Ausdruck würden Sie lieber verwenden?

Solange Sie sich aber in der Unterscheidung Ihres Eiweißschleims noch nicht sicher sind, müssen Sie an den Tagen mit dem Zeichen S annehmen, daß der Eisprung noch nicht vorbei ist. Es ist aber möglich, daß Sie durch eine verfeinerte Beobachtung des Zeichens S zu guten Unterscheidungen innerhalb Ihres Zeichens S gelangen können. Als weitere Hilfe lege ich Ihnen heute das Merkblatt über die Auswertung des Zeichens S in Verbindung mit der Messung der Aufwachtemperatur bei (siehe Anhang d). Zusammen mit den Anleitungen des Merkblattes über die Bedeutung der sogenannten »trockenen« Tage bekommen Sie ein vollständiges Bild über Ihre tägliche Auswertung des jeweils ablaufenden Zyklus.

»Ich bin mit dieser Methode nicht sehr zufrieden«

26. Juni — Frau D., jung verheiratet, hat Angst vor einem weiteren Kind

Ich bin mit dieser Methode nicht sehr zufrieden. Wir sind noch jung verheiratet und wollen uns auf die paar Tage im Monat nicht beschränken. Wir haben meist nur sieben Tage nach Einsetzen der Regel ehelichen Verkehr mit Samenerguß. In der übrigen Zeit (nicht sehr oft) unterbrochenen Verkehr, der uns nicht sehr befriedigt, da ich viel zu viel Angst vor einem weiteren Kind habe. Daher kommt es immer wieder zu Schwierigkeiten in der Ehe. Ich faßte schon öfters den Entschluß, die »Pille« zu nehmen.

Bitte geben Sie uns einen Rat.

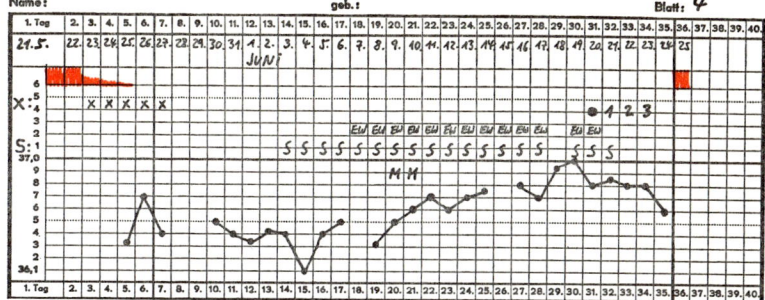

30. Juni — Rötzer

Für Ihren so offenen Brief möchte ich Ihnen danken! Ich bin gerne bereit, Ihnen bei der näheren Bestimmung der möglicherweise fruchtbaren Tage zu helfen.

Wesentlich wäre, wenn Sie mit Hilfe der Selbstbeobachtung des Zeichens S zu einer verfeinerten Auswertung Ihrer Zyklen kommen könnten. Sie haben auf Ihrem Blatt 4 ab dem 14. Tag bis einschließlich 32. Tag ein Zeichen S eingetragen und vom 18. Tag an dieses Zeichen S mit den Großbuchstaben EW gekennzeichnet. Ab dem von Ihnen eingetragenen *Höhepunkt* (dem letzten Tag mit dem Zeichen S-EW) wären es nur vier Tage bis zum Eintreten der nächsten Regelblutung. Von der Temperatur her gesehen, wäre ein biphasischer Ablauf gegeben. Aber Sie hatten ganz recht, daß Sie keine drei höheren Messungen gekennzeichnet haben, da ja eine der wichtigsten Regeln lautet: mit dem Umranden der drei höheren Messungen darf erst nach Aufhören des Zeichens S-EW begonnen werden.

Meine Frage an Sie wäre nun die: sind alle diese Zeichen S, die Sie mit den Großbuchstaben EW gekennzeichnet haben, als »ausziehbar, elastisch, dehnbar, glasig-durchscheinend, wie Eiklar des rohen Eies« zu beobachten gewesen? Könnten Sie mir mit Ihren eigenen Worten Ihr Zeichen S-EW beschreiben?

Es gibt Frauen, die einen ständigen Ausfluß haben. Aber auch diese lernen nach einiger Zeit ihren Ausfluß vom Zeichen S zu unterscheiden. Das wichtigste Unterscheidungsmerkmal ist häufig dieses, daß nämlich der ständige Ausfluß nicht ausziehbar, nicht elastisch und nicht dehnbar ist.

Könnten Sie mir kurz Nachricht zukommen lassen, wie Sie Ihr Zeichen S beschreiben würden? Ich möchte Ihnen dann erst weitere Anleitungen geben, die davon abhängen, ob das von Ihnen eingetragene S-EW auch wirklich das typische »Fruchtbarkeits-S« darstellt.

28. Juli — Frau D.

Meine Aufzeichnungen auf Blatt 4 beruhen auf einem Mißverständnis des Begriffes »Eiweiß-Schleim«. Ich habe mir unter diesem Namen das Eiweiß des gekochten Eies vorgestellt. Ich verwende ab nun lieber die Bezeichnung »glasig«, da diese Bezeichnung eher zutrifft.

Meine Beschreibung zum Zeichen S würde ich so geben: »glasiges« S ist gut ausziehbar und klar, und dann folgt ein weißliches, klumpiges, klebriges Zeichen S. Ich habe nun versucht, diesen Zyklus noch einmal zu zeichnen. Auch den folgenden Zyklus sende ich Ihnen. Habe dabei versucht, die tägliche Selbstbeobachtung einzutragen, wie Sie es in dem Merkblatt über die Auswertung anraten. Kann ich mich nun auf meine Auswertung verlassen?

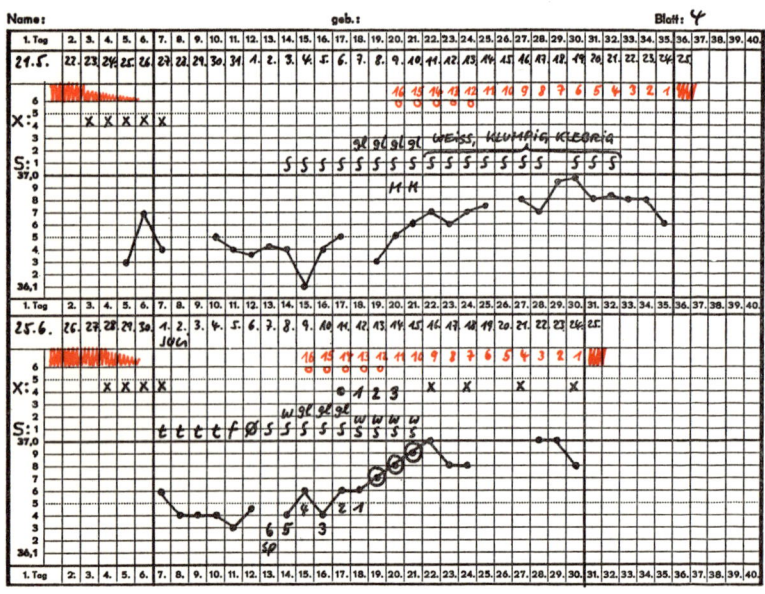

4. *August* — Dr. Rötzer

Ich darf Ihnen bestätigen, daß Sie Ihre Aufzeichnungen ganz richtig ausgewertet haben! Sie haben den *Höhepunkt* als den letzten Tag mit dem »glasigen« S ganz richtig gekennzeichnet, so daß Sie das nachfolgende »weißliche, klumpige und klebrige« Zeichen S in Ihrer Auswertung vernachlässigen können.

Die von Ihnen im nachhinein vorgenommene Rücknumerierung von 1 bis 16 zeigt Ihnen, daß Ihre Selbstbeobachtung gut mit den möglichen Tagen des Eisprungs — die Tage 12 bis 16 — übereinstimmt.

Bei einer derart guten Selbstbeobachtung wird Ihnen die Auswertung des jeweils ablaufenden Zyklus sicher gut gelingen.

»Ich fand zu mehr innerer Freiheit«

8. *Oktober* — Frau P., Hausfrau, stellt ihre Aufzeichnungen zur Verfügung

Beim Brautleutekurs vor 10 Jahren haben wir Ihre Methode kennengelernt und führen sie seither in unserer Ehe mit Erfolg durch. Wir möchten Ihnen nun unsere Aufzeichnungen für Ihre wissenschaftliche Arbeit zur Verfügung stellen. Sie können sehen, daß wir auch zwei Kinder ganz nach »Wunsch« bekommen haben.

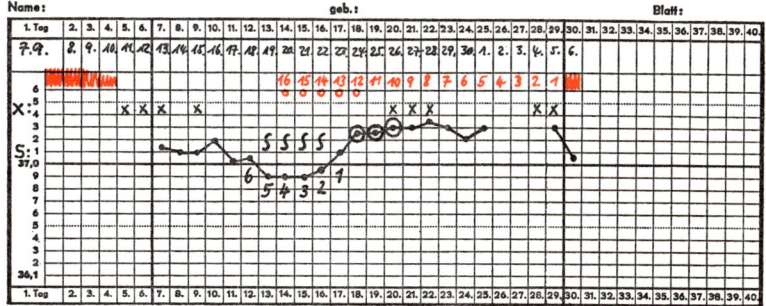

20. Oktober — Dr. Rötzer

Ihre Aufzeichnungen sind ganz ausgezeichnet geführt und zeigen, daß Sie in der Auswertung Ihrer Zyklen sehr sicher sind.

In den letzten Jahren ist es zu einer Weiterentwicklung auf dem Gebiet der natürlichen Familienplanung gekommen, insbesondere bezüglich der Selbstbeobachtung der Frau. Ich lege Ihnen die von mir neu zusammengestellten Merkblätter bei, und zwar »Die erste Anleitung zur Selbstbeobachtung der fruchtbaren Tage« und das »Weiterführende Merkblatt . . .« (siehe Anhang a und b).

Ihre Meinung zu der verfeinerten Beobachtung des Zeichens S würde mich sehr interessieren.

4. Dezember — Frau P.

Für Ihre instruktiven Merkblätter haben Sie herzlichen Dank! Ich habe in meinem letzten Zyklus versucht, innerhalb des Zeichens S auf Unterschiede zu achten.

Ich hoffe, das erworbene und vertiefte Wissen weitergeben zu können, und das geht ja meist im Erfahrungsaustausch von Frau zu Frau am besten.

Was die kleine Selbstuntersuchung bezüglich des ersten möglichen Auftretens des Zeichens S betrifft, stehe ich äußerst positiv dazu; stellt jene doch einen weiteren Abend mit der Gewißheit der noch unfruchtbaren bzw. schon fruchtbaren Zeit in Aussicht. Gerade im unmittelbarsten Grenzbereich zwischen unfruchtbaren und fruchtbaren Tagen, wo ich mich eher zögernd und vielleicht auch verzichtend verhalten würde, empfinde ich Erfahrungen solcher Art in jeder Hinsicht als eine Bereicherung.

Mir war es bei der Feststellung des Zeichens S in all seinen Varianten eine Hilfe, als ich beobachten konnte, daß wenig saugfähiges, eher farbloses Toilettepapier von minderer Qualität eine bessere Auswertung ermöglicht als hochwertiges, weiches.

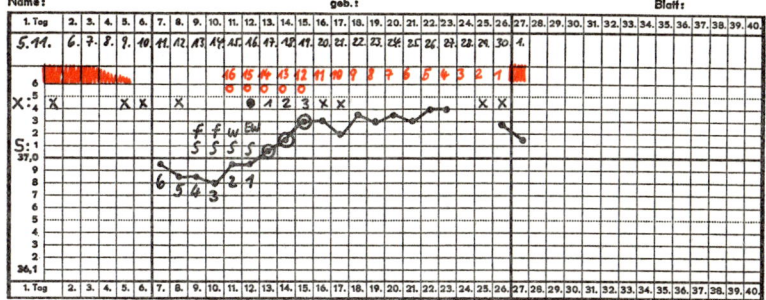

Wenn ich rückblickend auf unsere zehnjährige Ehe schaue, so habe ich Ihrem Wirken einen Großteil an innerer Freiheit und Führung auf diesem Gebiet zu verdanken.

15. Dezember — Dr. Rötzer

Ihre Unterscheidungen innerhalb des Zeichens S sind hervorragend gelungen!

Da Sie Ihre Erfahrungen an andere Frauen weitergeben wollen, möchte ich Sie nur bitten, daß jede Frau zunächst nur die ersten sechs Tage als unfruchtbar annimmt. Sie sollen dann ihre persönlichen Beobachtungen sorgfältig in ihre Tabellen eintragen. Erst nach einer Zeit der Erfahrung, die Sie ja in so reichlichem Maße besitzen, wird man sagen können, ob auch eine andere Frau eine derart enge Begrenzung der fruchtbaren Zeit vornehmen darf wie Sie. Ich bin gerne bereit, auch mit diesen Frauen eine Korrespondenz darüber zu führen, ob sie über den 6. Tag hinaus unfruchtbare Tage annehmen dürfen.

Zeugnisse

— Mutter von drei Kindern

Meine Ehe ist durch Ihre Methode um so vieles reicher und inniger geworden, und es war Gottes Gnade, daß ich vor bald zwei Jahren

39

Frau N. und dadurch Sie kennengelernt habe (. . .). Ich habe meinen Arzt gewechselt, weil dieser mich für verrückt erklärt hat, und der neue Ihre Methode als die »einzig richtige und schöne« akzeptiert.

— Mutter von sechs Kindern

Als ich mit dem Messen und der Selbstbeobachtung begann, war ich schon oft sehr ängstlich. Aber jetzt ist alles zur Selbstverständlichkeit geworden. *Ich beobachte mich wie das Wetter und das Wachstum meiner Pflanzen.*

— Mutter von zwei Kindern

Anbei übersende ich Ihnen den Fragebogen und teile Ihnen mit, daß ich mit der Pilleneinnahme bereits aufgehört habe und bereits mit der Temperaturmessung begonnen habe. Der Arzt hätte mir zwar schon wieder drei neue Pillenpackungen verschrieben, aber mir sagt diese Methode der Empfängnisregelung nicht zu, außerdem habe ich öfter die Einnahme vergessen. Ich fühle mich bei Ihrer Methode wohler (vor allem seelisch). (. . .) Ich möchte Ihnen bei dieser Gelegenheit auch danken, daß Sie keine Mühe scheuen, diesen Weg der Geburtenregelung zu erforschen und damit den Frauen eine echte Hilfe zu geben. Der Herr segne Ihre Arbeit!

— Mutter von zwei Kindern

Ich bin dankbar, daß ich solch einen wunderbaren Weg der Empfängnisregelung finden durfte.

»Wir können doch die Strapazen der Enthaltsamkeit nicht ertragen!«

5. März — Frau E., Studentin, will während des Studiums heiraten, aber kein Kind haben

Durch Kontakt mit Familie Trobisch habe ich vor vier Monaten meine Monatszyklen zu beobachten begonnen, die Aufwachtemperatur zu messen und genau einzutragen. Die Abschrift dieser Aufzeichnungen möchte ich Ihnen nun übersenden und Sie bitten, mir beim Bestimmen der fruchtbaren und unfruchtbaren Tage zu helfen. Leider habe ich bis vor einem Monat noch sehr wenig den Schleim »S« beobachtet, werde jedoch in Zukunft noch genauer darauf achten, so wie Sie es anraten. Ich bin verlobt, und wir gedenken im Sommer zu heiraten und wollen uns beide gründlichst darauf vorbereiten. Da wir beide noch studieren, möchten wir vorerst noch keine Kinder haben.

Ich freue mich, daß Gott natürliche Wege schenkt, deren wir uns bedienen dürfen, um die Familie verantwortungsvoll zu planen. Und ich freue mich, daß er Sie dazu benützt, diese Wege den Menschen zugänglich zu machen.

Nun gibt es noch ein Problem: Meine Familie (ich habe noch mehrere Geschwister), besonders meine Mutter, drängen mich, »trotzdem« die »Pille« zu nehmen, da die Temperaturmethode viel zu unsicher sei und wir die »Strapazen der Enthaltsamkeit« besonders zu Beginn unserer Ehe nicht ertragen könnten. Auch ist meine Schwester bei einem Frauenarzt in Behandlung, der ihr abgeraten hat, weil diese Methode eine viel zu hohe Versagerquote habe. Sie verstehen, daß ich dadurch unsicher geworden bin. Ingrid Trobisch schildert die Methode in ihrem Buch sehr einfach. Nun treffen aber bei mir nicht alle Symptome zu: Mittelschmerz fehlt fast, Temperatur sinkt nicht immer bei Beginn der Blutung, Schleimausscheidung ist sehr unterschiedlich.

Darum bitte ich Sie noch einmal, mir zu helfen und mir zu raten, welche Methode ich am besten verwenden soll. Ich spreche öfters mit meinem Verlobten darüber. Ich danke Ihnen schon im voraus für Ihre Antwort und freue mich schon auf das, was Sie mir schreiben werden.

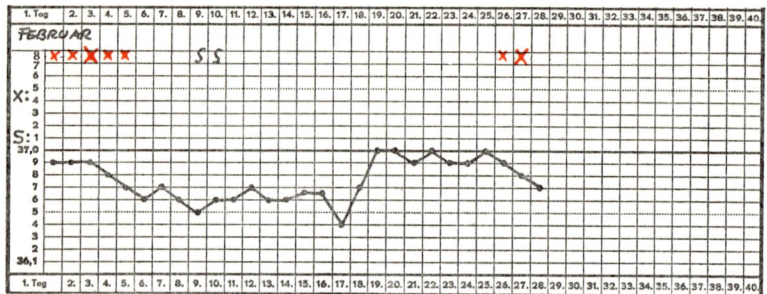

25. März — Dr. Rötzer

Für Ihren offenen Brief danke ich Ihnen sehr! Ich kann mir sehr gut vorstellen, daß man verunsichert ist, wenn von verschiedenen Seiten behauptet wird, daß die Temperaturmessung mit Selbstbeobachtung unsicher sei. Mit dem Problem der verlangten Enthaltsamkeit muß sich das Verlobtenpaar allerdings in ernster Weise auseinandersetzen.

Das Ausmaß der Enthaltsamkeit ist wiederum von der Art und Weise der gemachten Beobachtungen abhängig. Zunächst kann ich Ihnen aber sagen, daß es Temperaturverläufe gibt, die von jungen Ehepaaren mehr Enthaltsamkeit verlangen, als es bei Ihnen der Fall ist. Und trotzdem haben diese Ehepaare ihr Problem gemeistert.

Ihre Aufzeichnungen sind gut gemacht und lassen sich auch deuten. Die Auslegung wird noch leichter werden, wenn es Ihnen gelingt, zu einer noch besseren Beobachtung des Zeichens S zu gelangen. Ich lege Ihnen deshalb eine »Erste Anleitung zur Selbstbeobachtung der fruchtbaren Tage« bei (siehe Anhang a). Diese Selbstbeobachtung soll mit der Zeit selbstverständlich werden, ohne daß die Frau krampfhaft darauf wartet. Es ist dies ein Lernvorgang, der sich von selbst einstellt, wenn man etwas Geduld aufbringt. Der Mittelschmerz ist nicht sehr wichtig, zumal die Mehrzahl der Frauen unter 30 ihn nicht beobachten kann.

Ich lege Ihnen auch Ihre Aufzeichnungen wieder bei, da ich Ihnen mit Grünstift die Beurteilung der Temperaturmessung eingetragen habe. Die drei höheren Messungen nach Aufhören des Zeichens S werden umrandet. Am Abend der 3. höheren Messung beginnt eine sicher unfruchtbare Zeit. Weitere Hinweise und Anleitungen erhalten Sie noch später.

Tragen Sie in Zukunft Ihre Messungen und Beobachtungen in die ebenfalls beiliegenden Vordrucke ein. Diese können Sie jederzeit von mir erhalten. Sobald Sie ein Blatt ausgeschrieben haben, sollten Sie es mir wieder zur Einsichtnahme zusenden.

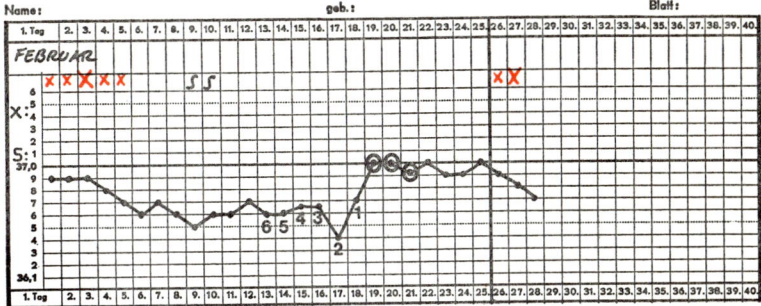

2. Mai — Frau E.

Ich war sehr froh, und bin es noch, von Ihnen zu erfahren, daß mein Zyklus »normal« und leicht einzuteilen ist. Inzwischen habe ich die Messungen fortgesetzt, aber auch auf das Zeichen S mehr Bedeutung gelegt. Ich lege Ihnen die beiden letzten Zyklen bei, und bitte Sie, mir wiederum bei der Bestimmung der fruchtbaren Phase behilflich zu sein. Mein Verlobter und ich sind Ihnen dankbar, daß Sie uns durch Ihren Brief bestärkt haben, für unsere Ehe diese Methode der Familienplanung zu wählen.

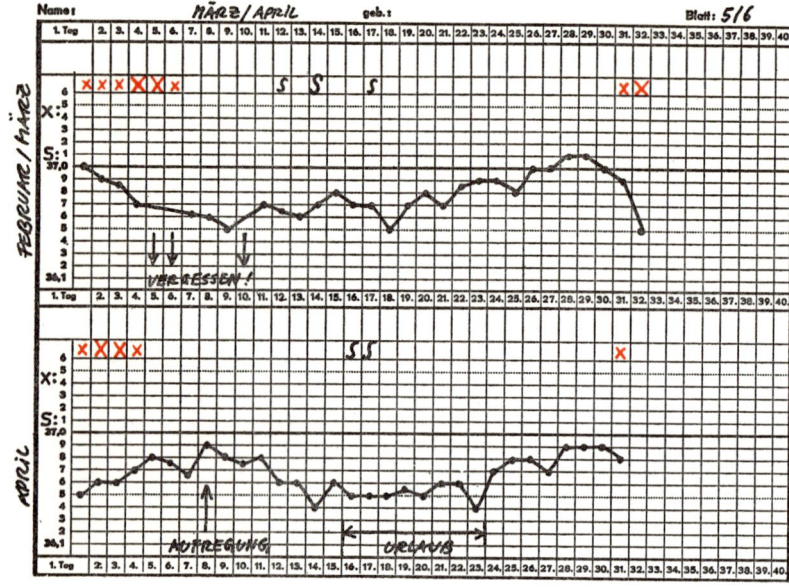

15. Juni — Dr. Rötzer

Ihr Blatt 5/6 kann ich Ihnen wieder zurücksenden. Wenn ich Ihr
Blatt 4 zum Vergleich nehme, dann müßte der 1. Tag der Blutung
der 23. 2. sein. Das Datum muß *täglich* unbedingt unter dem ge-
druckten Zyklustag eingezeichnet werden! Wie können Sie sonst an
einem betreffenden Kalendertag wissen, am wievielten Zyklustag
Sie stehen? Hier beginnen die ersten Fehler, und derartige lücken-
hafte Aufzeichnungen sind immer wieder Ursachen von Versagern!

Außerdem ist dann nicht klar, an welchem Kalendertag der nächste 1. Tag gelegen war: war es der 25. oder der 26. März? Damit
beginnt ein Rattenschwanz von Irrtümern. Ergänzen Sie bitte Ihr
Blatt 5/6 in dieser Hinsicht und senden Sie es mir wieder zurück.
Wenn an einem Tag die Messung unterbleibt, dann wird die Ver-
bindungslinie nicht über diesen Tag hinwegzogen, sondern dieser
Tag bleibt frei.

Die Eintragung des Großbuchstabens S für die Beobachtungen
des Zervixschleimes erfolgt auf der dicken Linie, die für 37 Grad

vorgesehen ist. (Deshalb ist links in der Tabelle auf der Höhe von 37 Grad der Großbuchstabe S vorgedruckt.) Die Linien darüber werden dann für andere Eintragungen benötigt. Die Auswertung der Aufzeichnung habe ich Ihnen wieder mit Grünstift durchgeführt. Nach dem dicken Punkt (*Höhepunkt*) müssen drei Tage sein, in denen Sie kein Zeichen S-EW beobachten konnten — dies drücken die Ziffern 1, 2, 3 aus (siehe Anhang b und d).

Unabhängig davon versucht man die drei höheren Messungen, die höher sind als die sechs vorausgegangenen Messungen, nach Aufhören von S-EW zu umranden.

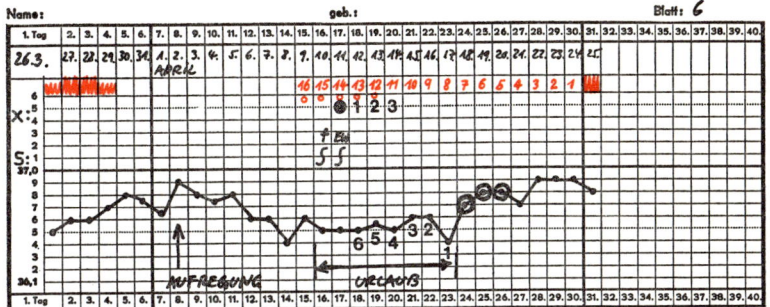

22. Juni — Frau E.

Vielen herzlichen Dank für Ihre Mühe mit meinen unvollständigen Aufzeichnungen. Da ich die Kurven doppelt eintrage, war es mir keine Mühe, Blatt 5/6 zu ergänzen. Ich hoffe, nun die richtige Art gefunden zu haben.

Das Merkblatt von Dr. Billings (siehe Anhang b) ist sehr aufschlußreich. Tatsächlich besteht eine gewisse Vernachlässigung in der Beobachtung vom Zeichen S, was ich in Zukunft durch genauere Feststellungen wettmachen möchte.

Auch habe ich versucht, die beiden letzten Zyklen selbst zu bestimmen, wie Sie mir angeraten haben. Ich habe es vorsichtshalber noch mit Bleistift gemacht. Aus meinen Zyklen ergäbe sich somit eine fruchtbare Phase bis zu 14 Tagen. Ich weiß nicht, ob ich richtig gerechnet habe, jedenfalls wird die Frage bald aktuell, da wir die Hochzeit auf den 21. August festgelegt haben.

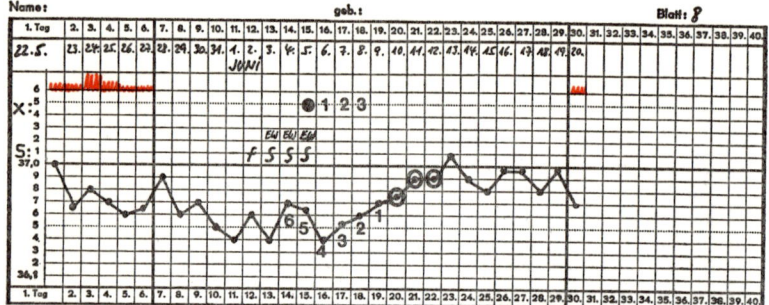

Und wieder haben wir Bedenken zu dieser Methode anhören müssen, diesmal von Seiten meiner zukünftigen Schwiegermutter, die uns sogar als verantwortungslos bezeichnete. Mein Verlobter erwog daher, vielleicht doch die »Pille« vorzuziehen. Ich meinerseits würde lieber bei der Selbstbeobachtung bleiben. Wir beide haben uns schon fest vorgenommen, die fruchtbare Phase zu beachten und uns zu enthalten. Wir sprechen öfters darüber, und wir wollen hierbei einander behilflich sein. Außerdem wird unsere Wohnung in unmittelbarer Nähe der Universität liegen, so daß für uns beide ein geregelter Lebensablauf möglich sein wird.

Interessant finde ich es trotzdem, warum die Temperatur in der 1. Zyklusphase bis 36,9 Grad steigt. Hat das etwas zu besagen? Ich habe mir auch Ihr Buch »Kinderzahl und Liebesehe« bestellt, damit ich eine wesentliche, direkte Hilfe bekommen werde.

29. Juni — Frau E.

Zuerst möchte ich Ihnen aufrichtig danken für Ihr wertvolles Buch! Ich habe es heute erhalten und gleich aufmerksam durchgelesen. Nun sind mir meine Aufzeichnungen schon viel vertrauter. Trotzdem brennen einige Fragen in mir, die ich an Sie stellen möchte. Auch habe ich vor einer Woche an Sie einen Brief abgesandt, der die letzten Aufzeichnungen enthält.

1. Meine brennendste Frage:
   Ist das von Bedeutung, wenn meine Temperaturhochlage 7—10 Tage beträgt? Sie haben in Ihrem Buch ausführlich darüber geschrieben, so daß ich fast befürchte, daß einige meiner Zyklen unfruchtbar waren.

46

2. Kann ich aufgrund des späten Auftretens des Zeichens S am Beginn meines Zyklus noch weitere unfruchtbare Tage anfügen, als die ersten sechs?

19. Juli — Dr. Rötzer

Ihre übersandten Blätter sind ausgezeichnet gemacht und von Ihnen auch richtig ausgewertet! Ihre Bleistifteintragungen auf Blatt 7/8 habe ich so gelassen, wie Sie sie gemacht haben.

Sie haben richtig bemerkt, daß bei Ihnen die Temperaturhochlage manchmal etwas zu kurz ist. Nach den Studien des Gynäkologen Dr. Vollman sind diese kurzen Temperaturhochlagen für junge Frauen typisch. Sie prägen sich aber im Laufe der weiteren Entwicklung gut aus. Sie brauchen jetzt also noch keine Angst zu haben, daß Sie später keine Kinder empfangen könnten. Andererseits sehe ich solche Temperaturkurven auch häufig bei Studentinnen.

Bei Ihnen ist auch die Eigenart, daß die Temperatur etwas zögernd ansteigt. Bei einiger Übung, insbesondere wenn die Selbstbeobachtung zur Selbstverständlichkeit geworden ist, müssen Sie nach dem *Höhepunkt* nicht einmal die drei höheren Messungen abwarten, um die unfruchtbare Phase festzustellen, sondern es genügt dann die Tendenz zum Temperaturanstieg. Diesbezüglich sollten Sie sich das beiliegende Merkblatt über die »Auswertung« genau durchlesen (siehe Anhang d). Ihr Temperaturverlauf läßt deutlich eine tiefere und höhere Lage erkennen. Es spielt keine Rolle, ob die Temperatur ganz zu Beginn des Zyklus vielleicht eine Spur höher ist. — Sie zeigt doch eine deutliche Tal-Ausbildung (Senke nach unten) zur fruchtbaren Zeit. Das ist das Wesentliche! So spielen bei Ihnen auch die verschiedenen Aufwachzeiten und Meßzeiten keine besondere Rolle. Da Sie wirklich in hervorragender Weise Ihren Tagesablauf zu regeln gedenken, werden Sie auch in Hinkunft ausgezeichnete Temperaturwerte erhalten.

Wenn Sie nun zu Beginn Ihrer Ehe eine Empfängnis unbedingt vermeiden wollen, sollen Sie in der Praxis damit beginnen, zu Beginn des Zyklus zunächst nur die Tage 1 bis einschließlich 6 als unfruchtbare Zeit anzunehmen. Sie können mir dann laufend Ihre Blätter zusenden, und wir werden dann sehen, ob Sie darüber hinausgehen können.

21. Oktober — Frau E.

Am 21. August haben wir geheiratet. Die Ehe begann fast mit einer langen Periode der Enthaltsamkeit, die ausgerechnet in die Flitterwochen fiel. Es war nicht gerade einfach.

Aufgrund der Beobachtung des Zeichens S erlaubten wir einander schon am 2. Tag der Hochlage den ehelichen Verkehr (Zyklus 11 — am 9. September).

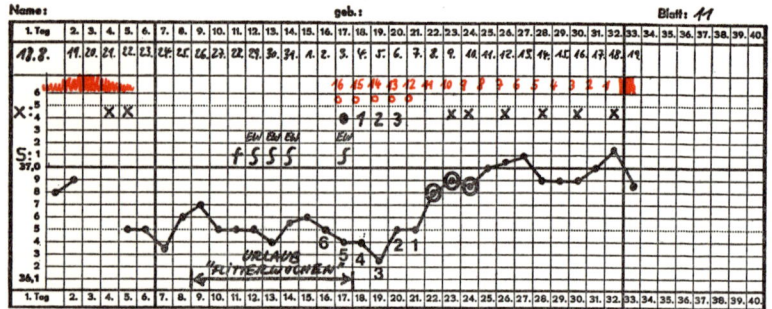

20. April — Frau E.

Nun sind ein paar Monate mit guten Aufzeichnungen vergangen. Jetzt aber habe ich eine Frage an Sie, und zwar in bezug auf meinen letzten Zyklus: Schon am 10. Tag konnte ich das feuchte, angenehme und volle Gefühl verspüren. Leider aber war in diesem Monat dann nicht die geringste Spur eines echten S-EW zu beobachten! Was halten Sie davon?

4. Mai — Dr. Rötzer

Ihre Beschreibung vom »feuchten, angenehmen und vollen Gefühl« ist ganz ausgezeichnet getroffen! So konnten Sie doch auch in diesem Zyklus einen deutlichen Unterschied zu den vorausgehenden »trockenen« Tagen empfinden.

Wenn in den folgenden Zyklen nach »f« wieder kein S-EW auftreten sollte, möchten Sie bitte versuchen, ganz leicht mit dem Finger

in die Scheide einzugehen, ob sich auf diese Weise ein S-EW feststellen läßt. Zu Ihrer Information lege ich Ihnen auch ein Merkblatt
über die Selbstuntersuchung bei (siehe Anhang e). Es würde mich
sehr interessieren, was Sie dazu sagen.

Ich hoffe, daß die Beobachtung der Vorgänge in Ihrem Körper
für Sie keine Belastung darstellt, und wünsche Ihnen, daß Sie damit immer vertrauter werden.

24. Mai — Frau E.

Vielen Dank für Ihre neuen Anleitungen zur Selbstbeobachtung
und Selbstuntersuchung! Nun, ich finde diese Ratschläge äußerst
praktisch — habe es auch gleich probiert, da ich schon »feucht« empfand. Meine Neugier wandte sich gleich in helle Freude: Ich konnte
den Gebärmutterhals ertasten, auch die Portio, sie war leicht geöffnet. Mit dem Mittelfinger war sie leicht zu erreichen, die Kuppe des
Fingers deckte die Öffnung zu. Auch hatte ich ein ganz klein wenig
S-EW am Finger. Das war am 9. Mai. Am 10. Mai war sie etwa
gleich groß, am 11. größer, und es war viel S-EW am Finger. Am
nächsten Tag stieg die Termperatur, die Öffnung erschien mir noch
größer — wieder S-EW, und zwar am Morgen. Am Abend des 12.
Mai war kein S-EW mehr vorhanden, die Öffnung scheint kleiner
geworden zu sein. Die große Überraschung kam für mich am 14. Mai,
als ich die Öffnung kaum mehr ertasten konnte. Nur eine winzige
Einbuchtung, umgeben mit weichem Schleim, schien auf die Portio
hinzuweisen. Der Gebärmutterhals war auch härter.

Ich freue mich, daß mir Gott so einen wunderbaren Körper geschenkt hat, mein Mann freut sich mit mir.

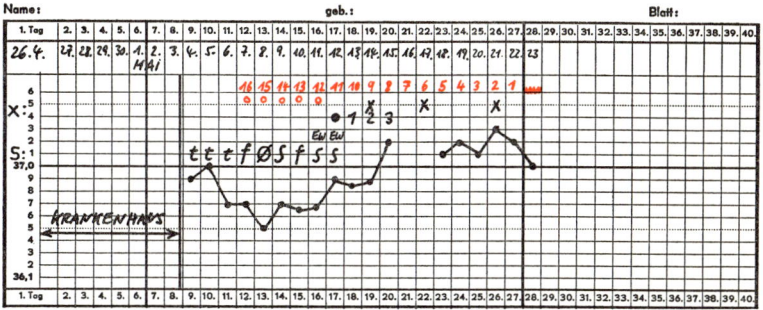

22. Juni — Dr. Rötzer

Ihr ausführlicher Brief vom 24. Mai hat mich besonders gefreut, da Ihnen eine ganz hervorragende, persönliche Entdeckung gelungen ist. Ihre Beschreibung der Portio an den verschiedenen Tagen ist ausgezeichnet. In Ihrem Falle wäre es sogar möglich, sich nur auf die tastbaren Veränderungen an der Portio zu verlassen. Ein amerikanischer Frauenfacharzt, Dr. Edward Keefe, mit Praxis in New York, den ich auch persönlich sehr gut kenne, propagiert diese Vorgangsweise. Er ist ein weitgereister Mann und hat eine ganz ähnliche Vorgangsweise in bestimmten Gegenden bei Naturvölkern gefunden, wo dieses Wissen seit Jahrhunderten verbreitet und allgemein bekannt ist. Ich frage mich persönlich, ob eine derartige Vorgangsweise bei uns den Frauen auf die Dauer zuzumuten ist.

Bei Ihnen stimmen alle anderen Beobachtungen überein, so daß Sie auch die übliche Vorgangsweise mit Temperatur und S wählen können.

In den amerikanischen Beratungsstellen, die diese Selbstuntersuchung fast stets mitverwenden, wird das Untersuchungsergebnis entweder mit einem Punkt (Öffnung zu), mit einem kleinen Kreis (Öffnung etwas offen) oder mit einem jeweils um so größeren Kreis (Öffnung weit offen) in die Tabelle eingetragen. Ich habe Ihnen das unterhalb der Temperaturwerte entsprechend eingetragen. Auch »hart« oder »weich« könnte man darunter mit h oder mit w andeuten.

Wenn Sie sich Ihrer »trockenen« Tage sicher sind, dann könnten Sie diese Tage als unfruchtbar annehmen. Eventuell hilft Ihnen ein geringes Eingehen mit dem Finger in die Scheide, um sicher zu sein, daß höher oben noch kein Zervixschleim vorhanden ist. Wenn Sie hier in diesem Bereich vor dem mutmaßlichen Eisprungtermin eigene Erfahrungen sammeln könnten, wäre das für Ihr späteres Eheleben von besonderer Bedeutung. Die Entscheidung muß ich selbstverständlich Ihnen überlassen. Leider wählen die meisten jungen Ehepaare eine Vorgangsweise, bei der sie keine diesbezüglichen Erfahrungen sammeln können: Wenn sie meinen, ein Kind verantworten zu können und sich ein Kind wünschen, dann wollen sie sofort die Schwangerschaft. Man sollte aber zu Beginn des Zyklus Erfahrungen sammeln, welche Tage unfruchtbar sind. Das verlangt also eine Zeit des »Experimentierens«, in der man vielleicht schwanger werden kann, weil man zu viele Tage zu Beginn des Zyklus als unfruchtbar angenommen hat.

30. Juni — Frau E.

Wir danken Ihnen nochmals für Ihre Bemühungen auf dem Gebiet dieser natürlichen Familienplanung. Wir sind sehr dankbar dafür. Ihre Arbeit zeigt, wie wir gemeinsam unseren Körper, unsere natürlichen Funktionen beobachten und zu unserem Vorteil nützen können. Wir leben somit bewußter, intensiver und stärker miteinander. Wir gelangen dadurch auch zu einer tieferen Freude aneinander, da wir aufeinander horchen lernen und uns nicht einseitig vergnügen.

Auch meine Schwestern haben mit den Messungen begonnen. Die ältere, die verheiratet ist, wird Ihnen wahrscheinlich ihre Aufzeichnungen zusenden. Die jüngere macht es nur aus Interesse.

3. Kapitel

»Madame, wir sind doch Menschen und keine Tiere!«

(Gedanken zur zeitweiligen Enthaltsamkeit)

Als ich in einem Eheseminar in Neu-Guinea über die Ovulations-
methode sprach, fragte ich die anwesenden Ehemänner: »Ist es
schwer, während jedes Zyklus' einige Tage nicht mit Ihrer Frau zu
schlafen?« Spontan kam die Antwort: »Selbstverständlich nicht!
Madame, wir sind doch Menschen und keine Tiere!«

Der Sohn eines afrikanischen Häuptlings erzählte uns: »Ich habe
meinen Vater einmal gefragt, wie er das gemacht hat, daß alle seine
Kinder in Abständen von drei Jahren geboren worden sind. Er antwortete mir darauf: In unserem Stamm gehört es zum Mannsein,
daß wir nach der Geburt eines Kindes zwei Jahre nicht mit unserer
Frau schlafen.«

In Neu-Caledonia, einer Insel bei Australien, war es gang und
gäbe, nach dem zweiten oder höchstens dritten Kind keinen ehelichen Verkehr mehr zu haben. »C'est un peu dur — es ist ein bißchen
schwer«, sagte ein Ehemann zu mir, »zumal — man schläft immer
im selben Bett.«

Natürlich bedeutete es für diese Menschen eine große Befreiung,
als sie von der Tatsache der unfruchtbaren und fruchtbaren Zeit im
Zyklus ihrer Frau erfuhren.

»Es fällt uns recht schwer . . .«

»Wir wenden die Sympto-Thermal-Methode nun seit neun Monaten an und sind im großen und ganzen zufrieden, obwohl die periodische Abstinenz, die im Buch so romantisch klingt, uns in der Praxis manchmal recht schwer fällt.«

Zu dem Lernprozeß gehört unbedingt ein Wort über die periodische Enthaltsamkeit. Wenn jemand behauptet, daß die Sympto-

Thermal-Methode für eine große Zahl von Menschen nicht akzeptierbar ist, oder daß Ehepaare, die diese Methode mit Erfolg anwenden wollen, einer besonderen Motivation bedürfen, dann ist meist die periodische Enthaltsamkeit gemeint. Denn man braucht kaum mehr Motivation, die Symptome des Eisprungs zu beobachten oder morgens die Temperatur zu messen, als für irgendeine Art der Empfängnisverhütung nötig wäre. Für jede Methode muß man zu einem gewissen Grad motiviert sein, ob sie nun beim Coitus selbst, vorher oder nachher angewendet wird.

Ist Intimverkehr der einzige Weg der Mitteilung in einer Ehe, so ist Abstinenz freilich untragbar. Werden allerdings andere Arten des Ausdrucks erforscht, dann wächst das gegenseitige Verständnis, und der Geschlechtsverkehr wird zwar eine privilegierte Art des Ausdrucks, aber keineswegs die einzige. Zärtlichkeit, Zuneigung, Trost, Verständnis, Verlangen, Wärme, Geborgenheit ... fast jedes Gefühl kann dem Partner durch unsere Sinne vermittelt werden.

Ein junger Ingenieur berichtete in einem unserer Eheseminare über seine Erfahrungen mit der periodischen Enthaltsamkeit: »Für uns gibt es in unserer Ehe in jedem Zyklus eine Zeitspanne der Umwerbung und dann wieder eine Zeitspanne, in der wir uns einander hingeben.«

Für jene Paare, die die hier beschriebene Form der Empfängnisregelung üben wollen, stellt sich die Aufgabe, daß Tage der Enthaltsamkeit bewältigt werden müssen. Gerade das kann für ihr eheliches Glück förderlich sein, da es neben der körperlichen Vereinigung noch andere Ausdrucksformen der Liebe gibt. Gerade in diesen Zeiten der körperlichen Enthaltsamkeit kann die Liebe des Herzens wachsen. Eine Frau stößt es ab, nur sexuelles Objekt zu sein — sie sehnt sich danach, als ganze Person geliebt zu werden. Genau so, wie es in den Gezeiten des Meeres Ebbe und Flut gibt, gibt es auch Ebbe und Flut in der körperlichen Liebe. Denn »alles hat seine Stunde ... eine Zeit zu umarmen und eine Zeit, sich der Umarmung zu enthalten« (Pred. 3, 5).

Hochzeitstermin nach dem Zyklus?

In meinem Buch schreibe ich auf Seite 60:
Dem jungen Mädchen, das schon vor der Ehe gelernt hat, bewußt mit dem Zyklus zu leben, kommt diese Erfahrung als Ehefrau nur zugute. Ja, es kann sogar der Hochzeitstag nach dem Zyklus geplant werden.

Von einer erfahrenen Lehrerin der Natürlichen Familienplanung (NFP) in Australien erhielt ich dazu einen Brief mit folgendem Inhalt:

Ingrid, liebe Ingrid,

...Niemals!! Das war zumindest meine Erfahrung. Wie regelmäßig auch immer der Zyklus eines Mädchens gewesen sein mag, ein oder zwei Zyklen vor der Hochzeit kann etwas durcheinandergehen. Zu intensive Gefühle, Streß und Spannung können Veränderungen im Zyklus einer Frau hervorrufen. Für unsere Paare, die ihre Ehe mit der Ovulations-Methode beginnen, ist diese Möglichkeit von »fruchtbaren« Flitterwochen ein guter Gegenstand für voreheliche Gespräche. Dies kann zu ihren ersten vernünftigen Gedanken über NFP als *Lebensweise*, oder wie ich bevorzuge zu sagen, als *Liebesweise* anregen.

Die meisten Menschen glauben, intensiver Sex während der Flitterwochen sei die beste Voraussetzung für späteres Glück; aber dadurch wird die Entfaltung der Phantasie der Liebe oft nur verhindert. Junge Liebende glauben oft, schon alles Nötige über ihren Partner zu wissen, ohne sich darüber klar zu sein, daß Ehe ein lebenslanger Prozeß des Kennenlernens ist.

Dr. Rötzer sagt zu diesem Brief aus seiner reichen Erfahrung in Mitteleuropa:
»Bei einer jungen Frau, die ihren Zyklus seit langem mit all seinen Symptomen beobachtet hat (Zervixschleim, Temperaturmessung), ändert sich ihr persönlicher Zyklusverlauf keineswegs infolge der bevorstehenden Hochzeit. Sie bleibt in ihrer üblichen Variationsbreite ihres Zyklus. Deshalb ist es immer wieder gelungen, einen günstigen Hochzeitstermin im voraus zu planen, wenn das junge

Paar allerdings frei über den Termin der Hochzeit verfügen kann. Oft erzwingen äußere Umstände eine Festlegung dieses Tages, von dem man bereits im voraus sagen kann, daß er in die wahrscheinlich fruchtbare Zeit fallen wird.

Dr. Vollman weist immer wieder darauf hin, daß auch die Aufnahme des ersten Geschlechtsverkehrs die individuelle Variationsbreite des Zyklus nicht ändert. Für ihn ist das ein Hauptargument gegen die heute noch oft zu hörende Meinung, daß die Kohabitation zu jeder Zeit des Zyklus eine Ovulation herrufen könne. (»Der Mensch ist kein Kaninchen!«)

Erfahrungen, die für sich selber sprechen

Ein junges Studentenehepaar, noch keine Kinder

Obwohl die Zeitwahlmethode bei mir mit Schwierigkeiten verbunden ist, möchte ich nicht irgendeine empfängnisverhütende Methode anwenden. Denn diese Art der Empfängnisregelung gibt jeder Frau die Möglichkeit, ihren Körper und die Vorgänge darin kennenzulernen, sie fördert das Gespräch und die Aussprache mit dem Partner und verantwortungsvollen Umgang mit der Geschlechtlichkeit.

Ein Lehrerehepaar, vier Kinder

Die problemloseste Lösung wäre ja die Einnahme der Pille, weil ich sie scheinbar gut vertrage und wir im ehelichen Leben dann keine »Terminschwierigkeiten« hätten. Ich halte aber diesen dauernden Eingriff in das körperliche Geschehen für unnatürlich und ungesund und schätze außerdem den ideellen Wert einer periodischen Enthaltsamkeit, um einer Verflachung der geschlechtlichen Beziehung entgegenzuwirken. Mein Mann sieht meine Gründe zumindest teilweise ein, aber ich möchte ihm diese Anforderung doch so erträglich wie möglich gestalten.

Landwirtsehepaar, zwei Kinder

Ich mache die Aufzeichnungen seit dem zweiten Kind, also ca. 10 Jahre.

Ich habe auch ein paarmal die »Pille« ausprobiert, bin aber immer wieder reumütig auf Ihre Methode zurückgekommen. Erstens habe ich fast keine »Pille« vertragen und auch an Gewicht sofort zugenommen. Einmal habe ich eine »Pille« vom Hautarzt verordnet bekommen wegen Hormonstörungen. In den ersten Monaten ist es ja sehr bequem, wenn man nicht aufpassen muß, aber ich finde, daß es an Reiz verliert, wenn man etwas Schönes immer zu jeder Zeit ohne Schwierigkeiten haben kann.

Facharbeiter, zwei Kinder

Ich möchte noch bemerken, daß mir, bzw. uns, Ihre Methode am besten und sinnvollsten für eine glückliche Ehe vorkommt. Im »Wartezeitraum« besinnt man sich mehr auf persönliche Gespräche und empfindet — wenn die unfruchtbaren Tage sind — eine geschlechtliche Vereinigung als höchstes Glück. Es ist so eine natürliche Spannung vorhanden, welche bei Pilleneinnahme fehlt.

Die Frau eines Mediziners, zwei Kinder

Wenn ein Kind nicht verantwortet werden kann und der Mann nun *in der fruchtbaren Zeit* abstinent lebt, zeigt er damit gleichzeitig den Respekt vor dem — später einmal zu empfangenden — Kind.

Als Frau bin ich in der fruchtbaren Zeit mit meinen Gedanken und Gefühlen stark auf das möglicherweise zu empfangende Kind ausgerichtet. Ich stehe hier in meiner ehelichen Beziehung mit meinem Mann und dem Kind in Verbindung.

Die Liebe der Frau — meine Liebe zu meinem Mann — wird größer, wenn der Mann seine Liebe zum Kind zeigt, indem er will, daß es zur rechten Zeit kommt.

Die Abstinenz meines Mannes in meiner fruchtbaren Zeit zeigt seine Ehrfurcht vor meiner Fruchtbarkeit und zugleich seinen Respekt vor dem Kind, das in dieser Zeit empfangen werden könnte.

In der *unfruchtbaren Zeit meines Zyklus* kann ein Kind nicht empfangen werden — es liegt nun an mir als Frau, mich meinem Mann ganz zu öffnen, mich ganz auf ihn zu konzentrieren, meine Zärtlichkeit und meine Gefühle ganz auf meinen Mann zu richten.

Dieser Respekt voreinander und dem zu empfangenden Kind gegenüber bereichert unsere Ehe und führt zu einem stillen Einverständnis untereinander.

4. Kapitel

Schwangerschaft

»Doch wenn sich mein Mann nicht an die sicher unfruchtbaren Tage hält . . .«

22. März — Frau T., Hausfrau, lebt riskant

Ich sende Ihnen heute einige Blätter zur Einsichtnahme. Bezüglich der »trockenen« Tage zu Beginn des Zyklus kann ich sagen, daß ich sie an und für sich gut von den »feuchten« und vom Zeichen S unterscheiden kann, wenn ich diese auch nicht immer eintrage.

Mein Mann kann sich noch nicht ganz darauf einstellen. Ich glaube, er findet diese »Rechnerei« zu schwierig, obwohl er es gewiß bei genügendem Interesse verstehen könnte. Es ist jedoch kein großes Problem, ich sage ihm »rücksichtsvoll« schon Bescheid. Jedoch bin ich manchmal ein bißchen unvorsichtig, wie aus dem angefangenen Blatt 5 hervorgeht. Wenn keine Schwangerschaft eingetreten sein sollte, will ich in Zukunft vorsichtiger sein und, sobald das erste Zeichen S auftritt, nicht mehr mit meinem Mann zusammensein. Fast rechne ich damit, daß ich nun schwanger bin, jedoch betrachte ich es nicht als Unglück. Ich würde das Kind voll und ganz annehmen und als Geschenk Gottes betrachten.

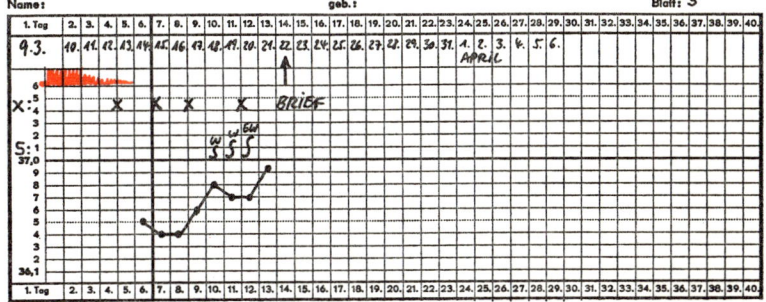

59

23. März — Dr. Rötzer

Ich möchte Sie ersuchen, daß Sie mich über die Entwicklung auf Blatt 5 auf dem laufenden halten! Ich sende Ihnen dieses Blatt sofort wieder zurück, damit Sie Ihre Eintragungen weiterführen können. Zu diesem Zeitpunkt kann man ja noch kein Urteil darüber abgeben, ob eine Schwangerschaft eingetreten ist.

6. April — Frau T.

Heute sende ich Ihnen wieder das Blatt 5 zu. Obwohl wir in der kritischen Zeit beisammen waren, ist keine Empfängnis eingetreten. Ich hatte mich innerlich schon ganz darauf eingestellt.

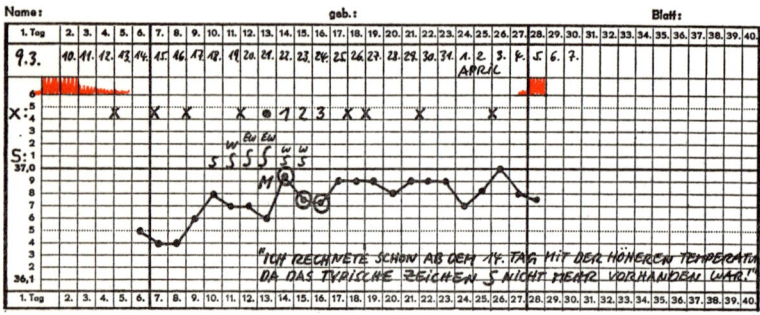

Das Merkblatt über die »trockenen« Tage (siehe Anhang c) habe ich nun aufmerksam durchgelesen. Ich halte bei mir eine Eigenuntersuchung nicht für notwendig, da ich zwei oder drei Tage vor dem »Eiweiß-Schleim« die Feuchtigkeit spüre und Enthaltsamkeit ab dieser Zeit für ausreichend halte. Wenn ich unsicher bin, könnte ich die Selbstuntersuchung schon durchführen. Jedoch halte ich mich mehr an das Zeichen S als an die Zyklustage, wenn wir auch manchmal etwas »leichtfertig« waren. Das macht vielleicht meine innere Einstellung zum Kind. Ich wünsche mir irgendwann noch einmal ein Kind, vor allem noch einen Jungen. Doch wenn ich weiß, daß mein Mann wirklich keines mehr wünscht, will ich auch mit unseren Kindern zufrieden und glücklich sein. Doch wenn sich mein Mann nicht an die sicher unfruchtbaren Tage hält — worüber ich ihn immer informiere —, hat er gewissermaßen selbst die »Schuld«, wenn er wieder Vater wird. Er versprach mir, sich nun mehr für meine täglichen Aufzeichnungen zu interessieren.

20. April — Dr. Rötzer

Das vervollständigte Blatt 5 habe ich erhalten, ebenso danke ich Ihnen auch für Ihren ausführlichen Brief.

Sie haben bereits von sich aus die richtige Bemerkung gemacht, daß man nicht automatisch eine bestimmte Anzahl von Tagen zu Beginn des Zyklus als unfruchtbar annehmen darf, sondern daß man sich nach dem frühesten Auftreten des Zeichens S richten muß. Wenn Sie also über den 6. Tag hinaus unfruchtbare Tage annehmen wollen, müssen Sie die Selbstbeobachtung sehr genau durchführen. Das Zeichen S könnte ja einmal früher auftreten, als Sie vielleicht annehmen.

Wenn wieder einmal so ein Fall eintreten sollte wie auf Blatt 5, wo die Temperatur nach dem ersten Anstieg wieder abgesunken ist, sollten Sie zumindest noch eine 4. höhere Messung abwarten und zusätzlich umranden. Falls die Temperatur auf der niedrigen Lage bleibt, müßten Sie neuerlich fruchtbare Tage annehmen.

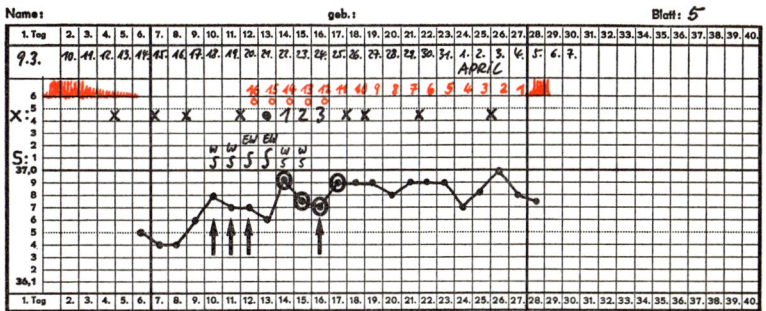

Es ist eine Erfahrung, daß nicht unbedingt eine Schwangerschaft eintreten muß, wenn man in der fruchtbaren Zeit ehelichen Verkehr hatte. Dies läßt sich aber nicht voraussagen. Sie haben daher sicherlich recht, wenn Sie nunmehr die Regeln für die Begrenzung der möglicherweise fruchtbaren Tage genauer einhalten wollen.

Da Sie in innerer Freiheit diesem ganzen Problem gegenüber-stehen, können Sie ohne Angst diese Bestimmung durchführen.

11. Juli — Frau T.

Nun möchte ich Ihnen noch das vollendete Blatt 6 schicken. Es ist nun, nicht gerade beabsichtigt, eine Schwangerschaft eingetreten. Ich habe zuerst den »Eisprung« zu früh angenommen und dachte, am 3. Tag danach kann kaum mehr etwas passieren. Bis zum 30. Zyklus-tag dachte ich mir auch noch nichts. Doch fiel weder die Temperatur ab, noch trat bis heute eine Blutung ein — ich glaube, daß ich wieder ein Kind erwarte.

Es ist mir klar, daß wir — wenn wir kein Kind mehr verantwor-ten können — länger hätten zuwarten müssen mit der Aufnahme des ehelichen Verkehrs. Doch, wie ich Ihnen schon früher schrieb, wünschte ich mir insgeheim noch ein Kind, wenn ich es auch nicht direkt jetzt schon darauf ankommen lassen wollte. Mein Mann nimmt es auch gut auf!

Nun sehe ich voll Zuversicht meiner Zukunft entgegen und möchte Ihnen nach meiner Entbindung wieder die Aufzeichnungen zusen-den.

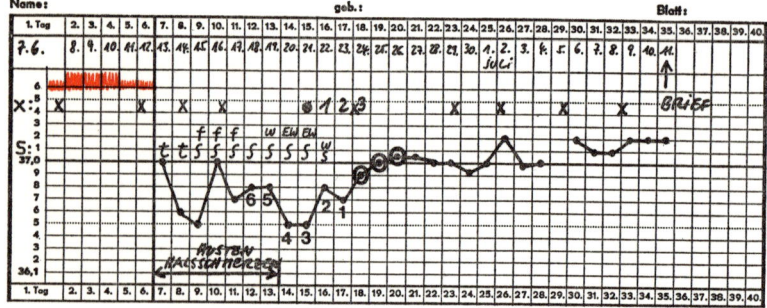

16. Juli — Dr. Rötzer

Sie haben ganz richtig geschrieben, daß Sie in Ihrem letzten Zyklus mit dem 18. Zyklustag zu früh eine unfruchtbare Zeit angenommen haben. Vom *Höhepunkt* her sind nur zwei Tage vorbei und außerdem ist dieser 18. Tag erst die *erste* höhere Messung. Wenn Sie in Zukunft eine weitere Empfängnis nicht mehr verantworten können, müssen Sie doch die *Höhepunktsregel* (siehe Anhang d) genau anwenden.

Ich möchte Sie auch noch darauf hinweisen, daß nach Aufhören der »trockenen« Tage mit Eintreten des ersten Gefühls der vermehrten Feuchtigkeit eine unfruchtbare Zeit nicht mehr gegeben ist. Somit haben Sie zu Beginn des Zyklus zu viele Tage als unfruchtbar angenommen, und der eheliche Verkehr am 10. Zyklustag war ebenfalls sehr »riskant«.

Selbstverständlich können Sie mir nach der Entbindung wieder Ihre Aufzeichnungen zusenden! Sie erhalten vorher von mir noch das Merkblatt für die Anleitungen nach einer Entbindung (siehe Anhang f).

Ich wünsche Ihnen für die kommenden Monate alles Gute! Außerdem würde ich Sie bitten, mir nach einiger Zeit einen kurzen Bericht zukommen zu lassen, wie es Ihnen geht.

20. August — Frau T.

Nun habe ich zwei Monate meiner Schwangerschaft geschafft, und es geht mir gut. Auch mein Mann freut sich auf unser Kind.

Bald habe ich meinen Termin beim Frauenarzt. Vielleicht kann man mit dem modernen Gerät schon die Herztöne hören, darüber freue ich mich immer ganz besonders. Sobald ich ein Kind erwarte, bin ich ganz darauf eingestellt, und ich habe jedes von Anfang an mit Liebe aufgenommen. Jedes Kind hat doch ein Recht ganz angenommen und geliebt zu werden!

15. November — Frau A., Hausfrau, entbindet zu Hause, weil sie die Mutter-Kind-Trennung in der Klinik ablehnt

Diesmal ließen wir es darauf ankommen. Ende Juni erwarten wir unser drittes Kind. Wir sind glücklich, daß der Altersunterschied zum zweiten Kind doch gut zwei Jahre beträgt. Ein drittes Kind war erwünscht, nur wollten wir es nicht so knapp wie unsere beiden ersten Kinder.

Für unsere Kleinen wird es bestimmt gut, daß sich ein Geschwister nicht immer nur mit einem anderen auseinandersetzen muß, sondern daß ein drittes dazukommt. Über all diesen Überlegungen stehen Vertrauen, Sorgen, Fragen, Freude, Dank und Bitten.

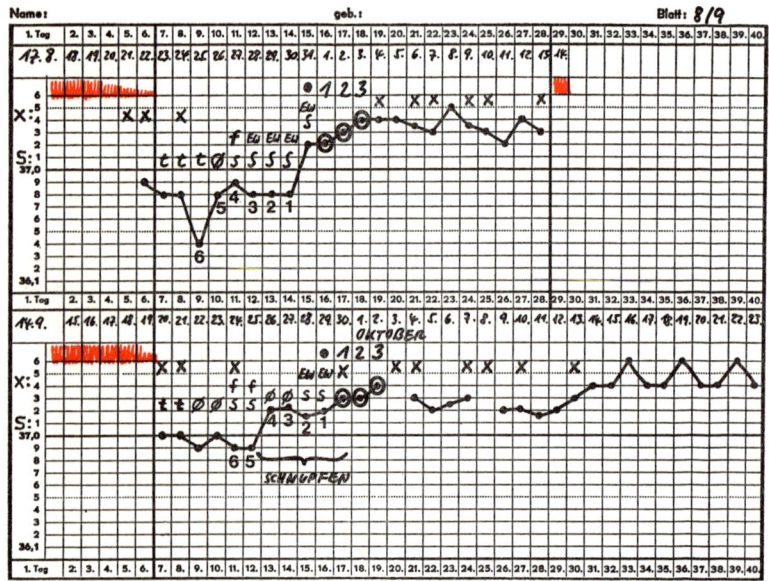

4. Juni — Dr. Rötzer

Zunächst möchte ich Ihnen zur Auswertung Ihrer letzten Zyklen gratulieren! Sie haben im unteren Zyklus die Umrandung der drei höheren Messungen erst nach Aufhören des Zeichens S-EW vorgenommen und ließen sich nicht durch den vorausgehenden Anstieg der Temperatur täuschen. Dieser war ja durch den »Schnupfen« bedingt. Insofern ist die Aufzeichnung sehr lehrreich für alle Frauen, daß nämlich eine kleine Unpäßlichkeit eine scheinbare Temperaturerhöhung erzeugen kann. Die sogenannte »Höhepunktsregel« verhindert aber eine irrtümliche Interpretation.

Beiliegend finden Sie das Merkblatt »Anleitungen für das Verhalten nach einer Entbindung« (siehe Anhang f). Wie Sie ja bereits wissen, kommt der Selbstbeobachtung in der Zeit nach einer Entbindung eine sehr große Bedeutung zu. Sie dürfen nicht zuwarten, bis die erste Blutung eingetreten ist, da diese ganz ausbleiben kann, d. h. Sie könnten schon vorher schwanger werden.

Versuchen Sie ab der dritten Woche nach der Entbindung wieder die Aufwachtemperatur zu messen und die Selbstbeobachtung durchzuführen.

Für die Zeit nach einer Entbindung kann es gut sein, wenn Sie Ihre Aufzeichnungen doppelt führen. Sie können dann — wenn eine Frage auftaucht — mir das eine Blatt sofort zur Einsichtnahme zusenden, und gleichzeitig auf dem zweiten Ihre Eintragungen weiterführen.

25. Oktober — Frau A.

Am 22. Juni wurde ich von einem gesunden Mädchen entbunden. Die in den Kliniken übliche Trennung von Mutter und Kind geht mir gegen die Natur. Daher blieb ich zu Hause. Es ging alles gut vorbei. Die Kinder staunten über das Neugeborene. Es war für die ganze Familie ein großes Erlebnis. Ich kann die Kleine noch voll stillen und bin sehr glücklich.

Die Temperaturkurve scheint mir ein planloses Auf und Ab zu sein. Vielleicht auch, weil ich oft sehr kurze Nächte habe.

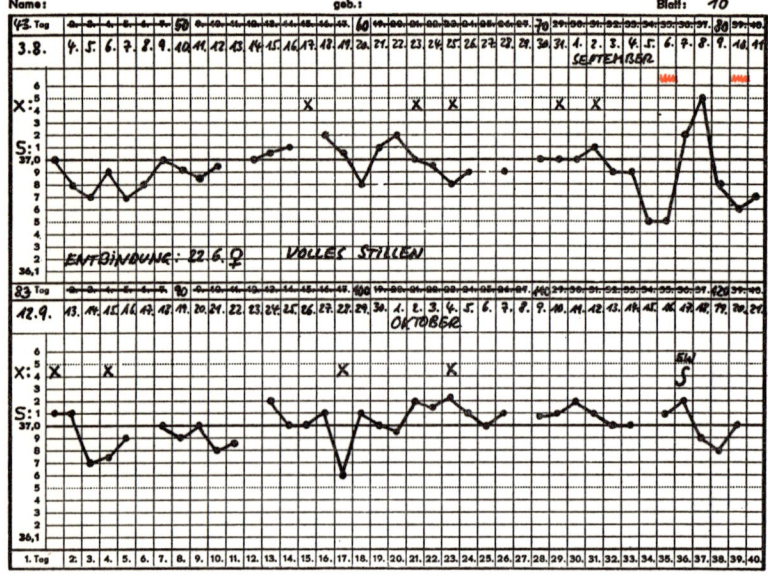

2. November — Dr. Rötzer

Da Sie voll stillen, ist es eigentlich nur natürlich, daß Ihr Temperaturverlauf so unregelmäßig und »nichtssagend« ist. Falls Sie tatsächlich voll stillen — und überhaupt nichts beifüttern (auch keine Flüssigkeit geben) — könnte man eine unfruchtbare Zeit annehmen, so lange kein Zeichen S zur Beobachtung kommt. Es wäre jetzt besonders wichtig, ob neben dem eigentlichen »Eiweiß-Schleim« noch eine andere Art des Zeichens S auftritt, vor allem als Einleitung zum S-EW. Sie würden dadurch rechtzeitig auf das zu erwartende S-EW aufmerksam werden. Bis zum Auftreten der ersten feuchten Absonderung und nach der Höhepunktsregel könnten Sie bei guter Selbstbeobachtung in der Zeit nach der Entbindung unfruchtbare Tage annehmen (siehe Anhang d und f). Falls Sie derzeit auch die sogenannten »trockenen« Tage empfinden können, so sind diese Tage unfruchtbar.

In Ihrer jetzigen Stillzeit sagen drei höhere Messungen hintereinander noch nicht aus, daß eine sicher unfruchtbare Zeit gekommen

66

ist. Die Temperatur kann nach einer höheren Lage wieder absinken. Somit ist die Bedeutung der Selbstbeobachtung der »trockenen« Tage und des Zeichens S sehr groß.

8. April — Frau A.

Ein Kinderfacharzt riet mir, nicht länger als neun Monate zu stillen, da gewisse hormonelle Veränderungen auf das Kind übergehen würden. Was ist Ihre Meinung dazu? Bis auf eine kleine Menge abends zum Einschlafen ist unser Kind nun voll abgestillt. Ich hoffe doch, daß ihr einige Schlückchen nicht schaden?

Zu den Fragen auf dem Merkblatt über die »trockenen« Tage (siehe Anhang c) kurz meine Meinung:

— »trockene« Tage im Anschluß an die Regelblutung kann ich eindeutig empfinden

— Samenflüssigkeit ist dünnflüssiger und auch vom Geruch her anders als das Zeichen S. Trotzdem würde ich mir eine sichere Unterscheidung noch nicht zutrauen.

— Die Selbstuntersuchung zur Entdeckung von Fruchtbarkeitsschleim in der Scheide praktiziere ich schon lange, und es ist leicht durchführbar.

Anbei finden Sie mein Blatt 13.

Ich bin begeistert, in diese Vorgänge hineinhorchen zu dürfen.

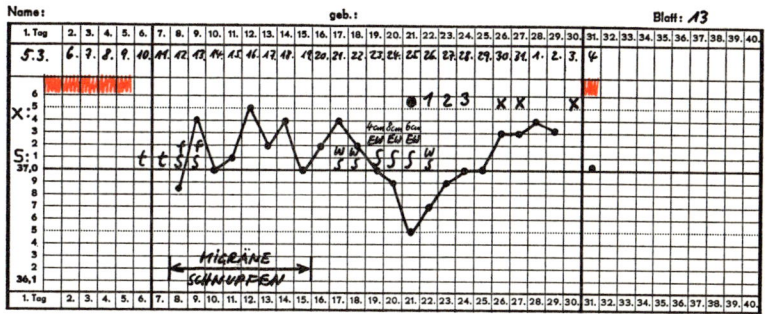

13. April — Dr. Rötzer

Der untere Zyklus auf Blatt 13 gestattet nun bereits eine gute Auswertung der möglicherweise fruchtbaren Zeit und des anschließenden Temperaturanstieges, wenn auch die Temperaturhochlage noch verkürzt ist. Das kann aber in der Zeit des Abstillens noch vorkommen.

Die Temperaturzacken zu Beginn des Zyklus haben Sie ganz richtig mit Ihrer Migräne und Ihrem Schnupfen in Zusammenhang gebracht. So haben Sie sich richtig verhalten, daß Sie nach dem ersten Auftreten und Abklingen des Feuchtwerdens auf das Zeichen S der eigentlich möglicherweise fruchtbaren Tage gewartet haben.

Wenn Sie Ihr Kind abends noch stillen, wird es weder Ihnen noch Ihrem Kind schaden. Ich vermute fast, daß der Kinderfacharzt automatisch angenommen hat, daß Sie die »Pille« einnehmen; die Hormonsubstanzen der »Pille« gehen nämlich mit der Muttermilch auf das Kind über. Ansonsten aber kann auch sehr langes Stillen dem Säugling nie schaden!

»Jedesmal heule ich, wenn die Periode einsetzt.«

15. März — Frau W., wünscht ein Kind, hat aber nur noch einen Eierstock

Ich bin jetzt 36 Jahre alt und möchte so gerne noch ein Kind. Ich habe nur einen Jungen, nachdem unser zweites Kind gestorben ist. Vor vier Jahren wurde mir ein Eierstock entfernt. Glauben Sie, daß ich mit einem Eierstock noch ein Kind bekommen kann? Schwierig ist es, das haben wir schon bemerkt, da wir schon lange probieren, ein Kind zu bekommen. Mein Mann war schon bei einer Untersuchung. Es ist alles in Ordnung. Jedesmal heule ich, wenn die Periode wieder einsetzt.

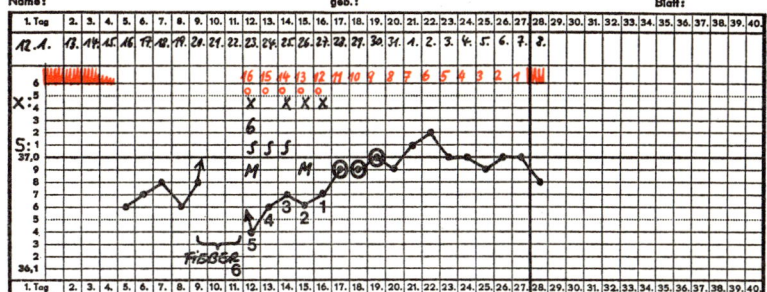

22. *März* — Dr. Rötzer

Auf Grund der von Ihnen übersandten Aufzeichnungen läßt sich auf jeden Fall sagen, daß das Eintreten einer Schwangerschaft bei Ihnen möglich sein müßte. Grundsätzlich reicht auch ein Eierstock aus, um schwanger zu werden.

Es ist aber bekannt, daß eine Frau trotz ehelichem Beisammensein in der fruchtbaren Zeit nicht unbedingt empfangen muß. Ich habe in meiner Praxis wiederholt Fälle, die monatelang auf ein weiteres Kind warten müssen.

Um den günstigsten Zeitpunkt für eine Empfängnis feststellen zu können, wäre Ihnen die verfeinerte Beobachtung des Zeichen S eine große Hilfe. Ich lege Ihnen daher die Merkblätter über diese Selbstbeabachtung bei. Versuchen Sie herauszubekommen, ob Sie ein »glasiges« Zeichen S (oder »Eiweiß-Schleim«) beobachten können. Dieses Zeichen S-EW würde Ihnen die hochfruchtbare Zeit in Ihrem Zyklus anzeigen. Sie sollten dann von Beginn des Zyklus an keinen ehelichen Verkehr haben, sondern erst gegen Ende Ihrer Phase mit dem Zeichen S-EW. Es erfordert dies eine gewisse Zeit und auch Geduld von Ihnen, bis Sie Ihre persönliche Eigenart Ihres Zeichens S kennenlernen.

30. *Juni* — Frau W.

Ihr aufschlußreicher Brief gab mir wieder mehr Mut. Trotzdem werde ich jedesmal wieder enttäuscht. Bis jetzt hat das Zeichen S immer drei Tage gedauert und das vorletzte Mal aber nur einen Tag. Da habe ich immer auf das Zeichen S-EW gewartet, und dann war es schon zu spät. Es kam der weißliche Ausfluß, der immer nach dem Zeichen S kommt. Ich hätte nun aber eine Frage an Sie. Ich habe die letzten Male im Zeichen S gleich gegen Ende des 1. Tages im weißlichen Schleim viele dünne Fäden beobachtet, die ein paar Stunden dauerten, und dann waren sie weg. In diesen Stunden war die Scheide ganz dick angeschwollen, am anderen Tag nicht mehr so. Wären jetzt diese dünnen Fäden die fruchtbare Zeit gewesen? Bitte helfen Sie uns weiter!

15. Juli — Dr. Rötzer

Ihre Aufzeichnungen sind ganz ausgezeichnet geführt. Ihre Beschreibung von dem »Völlegefühl« in der Scheide ist äußerst interessant und könnte bei Ihnen Ihre fruchtbare Zeit anzeigen. Es ist ja überhaupt so, daß die Frau lernen kann, Unterschiede an ihrer Scheide zu empfinden, so daß auch blinde Frauen diese Methode der Familienplanung ausführen können. Es scheint, daß Ihnen dieses Empfinden eine Hilfe werden kann.

Da ich einige Ehepaare kenne, die lange auf ein weiteres Kind warten mußten, möchte ich Ihnen Mut machen und Ihnen wünschen, daß Sie in Geduld alles weiterhin versuchen, um die gewünschte Schwangerschaft zu erreichen.

2. August — Frau W.

Heute kann ich Ihnen eine besondere Beobachtung mitteilen. Das Zeichen S, das ich in den vergangenen Monaten beobachtet habe, war scheinbar nur ein Vorschleim. Durch Zufall merkte ich, wie am 23. Juni abends ein richtig wasserheller Schleimpropfen wegging. Vielleicht war das das Ende des Zervixschleimes. Als dann mein Mann nach Hause kam, war alles vorbei. Im Juli paßte ich dann besser auf die Absonderung der Scheide auf. Wie Sie aus meinen Aufzeichnungen sehen, hatte ich am 13. Tag so einen schleimigen Propfen beobachtet, und dann kam zwei Tage gar nichts mehr. Am 16. Tag hatte ich das Gefühl des Feuchtwerdens, einen Tag lang. Am

70

andern Tag kam dann früh schon dieser ausziehbare, glasige Schleim. Ich dachte fest, diesmal müßte es klappen. Am 18. Tag hatte ich keinen Schleim mehr. Mir war so schwindlig. Gleich von da an spürte ich so ein Ziehen in den Brustwarzen. Ich dachte fest, es wäre zu einer Schwangerschaft gekommen. Was sollen wir noch tun?

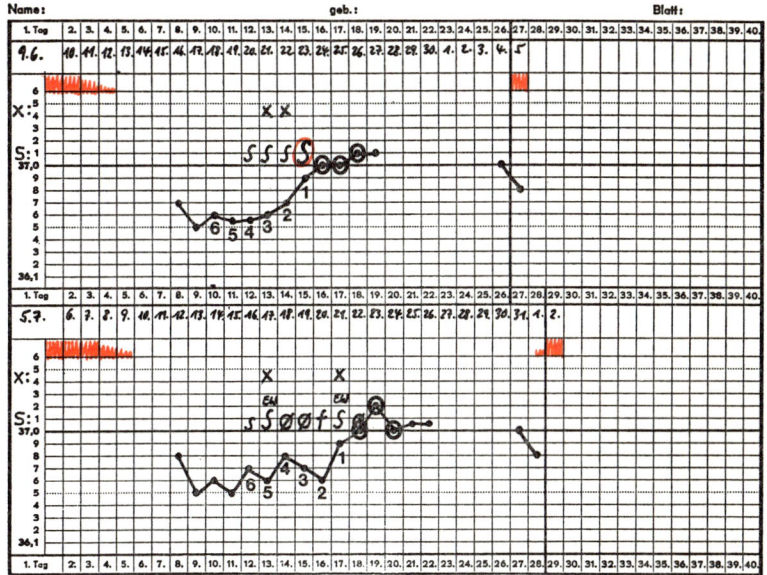

2. September — Dr. Rötzer

Ihre Blätter sind ganz richtig und gut geführt. Auch Ihre Beobachtungen gelingen Ihnen ganz ausgezeichnet. Von hier her gesehen kann ich Ihnen keinen weiteren Rat geben, sondern Sie nur um Geduld bitten.

Haben Sie das Gefühl, daß Sie nach dem ehelichen Verkehr Samenflüssigkeit verlieren? Manchmal besteht diese Eigenart, daß Samenflüssigkeit wieder ausfließt. Dann sollten Sie unter Ihr Becken einen Polster legen, damit dieses Ausfließen nach Möglichkeit verhindert wird.

16. September — Frau W.

Ich sende Ihnen mein letztes Blatt. Ich glaube, es ist zur gewünschten Schwangerschaft gekommen. Dieses Mal wollte ich das Zeichen S einmal ablaufen lassen, ohne ehelichen Verkehr. Diesen hatten wir ganz am Ende, wo das Zeichen S schon gelblich wurde.

Ich merke gar nichts an mir, es ist mir nicht schlecht. Die Periode ist ausgeblieben, die Temperatur sinkt nicht ab. Hoffentlich geht es gut! Aber ich habe festen Mut, sonst hätten wir ja kein Kind mehr gewollt. Werter Herr Doktor, Ihnen verdanke ich sehr viel. Sie haben mir immer wieder Mut gemacht, wenn ich schon verzweifeln wollte. Ohne Sie hätte ich es vielleicht schon aufgegeben. Ich danke Ihnen nochmals recht herzlich!

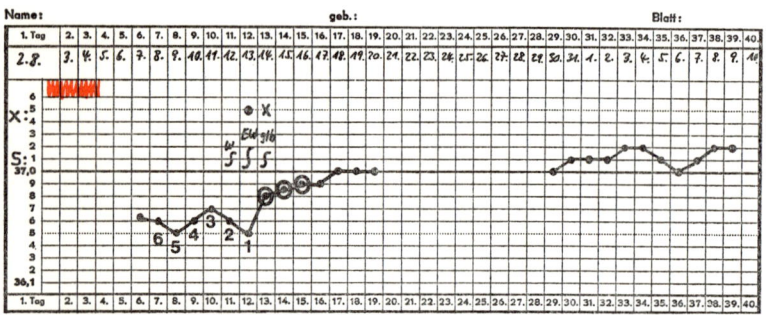

»*Mein Mann hätte Ihr Buch am liebsten verbrannt!*«

3. Februar — Frau F., beklagt unerwünschte Schwangerschaft

Einige Monate nach der Geburt meines zweiten Kindes schenkte mir mein Mann das von Ihnen neu erschienene Buch »*Mit Freuden Frau sein*«.

Wir haben beide dieses Buch mit großem Interesse gelesen und fanden, daß die Ovulations-Methode wohl doch die natürlichste und sicherste Methode ist. Bevor wir uns allerdings darauf verließen, habe ich ca. 2—3 Monate meine Aufwachtemperatur gemessen und mit Ihren Aufzeichnungen verglichen. Als ich dann feststellte, daß auch bei mir gleich nach dem Eisprung die Temperatur anstieg und in Höhenlage blieb bis die Regel einsetzte, hatten wir absolutes Vertrauen zu dieser Methode und wandten sie auch an. Auf den Mittelschmerz konnte ich mich allerdings nie so recht verlassen. Auch mit dem Zervixschleim verhält es sich bei mir ähnlich. Auch diesen kann ich immer über längere Zeit beobachten, selbst wenn die Temperatur schon einige Tage in Hochlage ist. Ich verließ mich nach diesen Beobachtungen deshalb immer mehr auf die Temperaturmessung und das klappte bis vor einem 1/2 Jahr auch einwandfrei.

Bevor wir die Ovulations-Methode kennenlernten, haben wir uns mehr nach der Methode Knaus-Ogino gerichtet. Allerdings hatten wir uns darauf nie ganz verlassen, sondern fast immer noch zusätzlich einen unterbrochenen Verkehr gehabt. Wir haben zwei nach Wunsch gekommene Kinder. Ein drittes wollten wir eigentlich nicht mehr, d. h. mein Mann wollte keines mehr. Er fand, daß für uns in der heutigen Zeit zwei Kinder genügen. Auch aus gesundheitlichen und finanziellen Gründen. Darin mußte ich ihm allerdings recht geben, obwohl ich schon immer gern drei Kinder gehabt hätte — doch erzwingen wollte ich nichts. Nun kam alles doch ganz anders — vielleicht mußte es so sein! Im Juli stellte ich fest, daß ich schwanger bin trotz gewissenhafter Einhaltung der Ovulations-Methode — es war uns unerklärlich, wie dies passieren konnte. Vielleicht können Sie sich vorstellen, welche Empfindungen wir dabei hatten. Mein Mann war schockiert und hätte das Buch am liebsten verbrannt. Ich selbst war auch sehr enttäuscht, doch nicht wegen dem Baby, sondern mehr über diese Methode. Es war das einzige, auf das wir uns bis jetzt verlassen konnten und das uns wirklich ein Gefühl der Sicherheit gab. Nun wissen wir beide nicht mehr, an was wir uns in Zukunft halten können. Auf unser Baby freue ich mich nun schon sehr, und auch mein Mann hat sich inzwischen damit abgefunden und freut sich darauf. Doch der Gedanke, was wir nun tun sollen, damit es nicht noch einmal so geht, belastet uns beide. Wozu raten Sie uns, liebe Frau Trobisch?

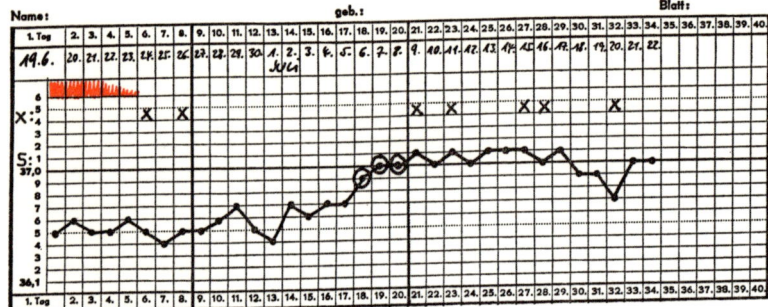

Damit Sie alles selbst nachsehen können, schicke ich Ihnen eine Abschrift meiner Temperaturmessungen vom Juni/Juli mit. Vielleicht
fällt Ihnen dabei irgend etwas auf, was wir vielleicht falsch gemacht
oder nicht berücksichtigt haben. Vielleicht wäre es besser gewesen,
wir hätten noch einen Tag länger mit dem Verkehr gewartet, doch
wer garantiert mir dafür? Sie meinen in dem Buch ja, daß es schon
ab dem 3. Tag nach der höheren Messung ganz sicher ist. Hoffentlich
verstehen Sie mich durch diesen Brief nun nicht falsch, liebe Frau
Trobisch. Ich möchte Sie persönlich in keiner Weise anklagen, nichts
läge mir ferner. Sie haben durch Ihr Buch bestimmt schon vielen
Menschen geholfen und glücklich gemacht — bei mir lief einfach
etwas schief. Ausnahmen wird es bestimmt immer geben — das
schreiben Sie ja auch. Vielleicht gehöre ich dazu. Wenn Sie mir offen
Ihre Meinung dazu schreiben und mir irgend einen hilfreichen Rat
geben könnten, wäre ich Ihnen von Herzen dankbar. Ich mußte
Ihnen einfach mal schreiben, denn ich habe das Gefühl, daß nur Sie
mir die rechte Antwort auf meine Fragen geben können.

21. Februar — Dr. Rötzer

Frau Trobisch, mit der ich schon jahrelang zusammenarbeite, hat
mir Ihren Brief übergeben, damit ich als Arzt Ihre dringenden Fragen beantworte.
    Sie haben einen sehr ehrlichen und liebenswerten Brief geschrie-
ben, so daß Sie und Ihr Mann es auch richtig verstehen werden,

74

wenn auch meine Fragen an Sie offen gestellt sind. Die Fragen, die sich aus dem Eintreten dieser Schwangerschaft ergeben, sind auch für meine Forschungsarbeit von Bedeutung.

1. Übersenden Sie mir bitte alle Ihre bisherigen Aufzeichnungen zur Einsichtnahme. Sie erhalten diese selbstverständlich wieder zurück. Die Eigenheiten der jeweiligen Frau, ihre Beobachtungen bezüglich des Zeichens S und der Temperaturverlauf ergeben sich erst aus dem Vergleich der Aufzeichnungen über längere Zeit.

2. Sie schreiben in Ihrem Brief, daß bei Ihnen die Eigenart zu beobachten sei, daß das Zeichen S in die Temperaturhochlage hineinreicht. Nun ist aber in der beigelegten Aufzeichnung das Zeichen S nicht eingetragen.

Unsere Vorgangsweise besteht darin, daß wir die Frauen anleiten, das Zeichen S und die Unterschiede innerhalb des Zeichens S beobachten zu lernen. Diese Selbstbeobachtung soll für die Frau keine Belastung sein, sondern nach einiger Zeit der Übung selbstverständlich werden, wie uns dies auch immer mehr Frauen bestätigen.

Es ist wichtig, daß die einzelne Frau IHREN typischen »Fruchtbarkeitsschleim« zu beobachten lernt. Wenn nun der typische »Fruchtbarkeitsschleim« in die höhere Messung hineinreichen sollte, so geben wir die Verhaltensregel an, nach Aufhören dieses typischen »Fruchtbarkeitsschleimes« *drei* Tage noch als möglicherweise fruchtbar anzusehen. (Vgl. Anhang b). Es könnte vielleicht auch bei Ihnen so eine Vorgangsweise verlangt sein. Ich lege Ihnen die Merkblätter zur besseren Beobachtung des Zeichens S bei, die ich sonst in gewissen Abständen an Frauen versende. Ich habe Ihnen die Reihenfolge (a, b, c) am oberen rechten Rand gekennzeichnet. Das Blatt f gibt einige Hinweise für das Verhalten nach einer Entbindung.

3. Sie geben in Ihrem Schreiben an, daß Sie sich früher nach der Methode Knaus-Ogino gerichtet hatten, dabei aber fast immer noch zusätzlich unterbrochenen Verkehr hatten. Es ist nun eine ganz persönliche Frage an Sie, wie Sie dies im Monat mit der eingetretenen Schwangerschaft gehalten haben. Doch stellt unterbrochener Verkehr oder Kondom einen Unsicherheitsfaktor dar, da diese in der fruchtbaren Zeit versagen können.

Ich bin nun sicher, daß ich mit Ihrer und Dr. Rötzers Hilfe die
Ovulations-Methode richtig verstehen lerne und meinen persönlichen Fruchtbarkeitsrhythmus herausfinde. Es wurde mir schon
beim Lesen Ihrer Briefe klar, daß ich bisher dem Zervixschleim zu
wenig Beachtung geschenkt habe und dies auch unser Verhängnis
betreffs der jetzigen Schwangerschaft wurde. Ich war bisher der
Meinung, daß die Temperaturmessung von größerer Wichtigkeit ist
als der Zervixschleim. Daß die Samenzellen bis zu 72 Std. mit dem
Schleim am Leben bleiben können, wußte ich nicht. Auch, daß die
unfruchtbare Zeit erst nach den 3 höheren Messungen nach *Aufhören
des Zeichen S* beginnt, war mir bis jetzt noch nicht klar, obwohl Sie
das in Ihrem Buch auf Seite 58 ganz deutlich schreiben. Es ist mir
selbst unverständlich, daß mir, nachdem ich Ihr Buch schon mindestens 10 Mal gelesen habe, die Bedeutung dieses Satzes noch nicht
aufgegangen ist. Ich kann mich ganz deutlich entsinnen, daß sich bei
mir im Empfängnismonat Juni/Juli der Schleim noch am 2. oder
3. Tag der höheren Messung gezeigt hat. Ich habe damals zu meinem
Mann gesagt: »Ich kann nicht verstehen, daß sich bei mir der
Schleim immer noch zeigt, nachdem die Temperatur schon 2 Tage in
Hochlage ist.« Auch mein Mann kann sich daran noch erinnern.
Leider habe ich dies nicht in meiner Aufzeichnung eingetragen, weil
ich der Meinung war, daß dies nach der höheren Messung nicht mehr
von Bedeutung ist. Das war ein großes Mißverständnis von mir. Wir
hätten demnach damals unbedingt noch 2 — 3 Tage mit dem Verkehr warten müssen, weil ja, wie Sie schreiben, der Samen im
Schleim noch 72 Std. lebt. Mit diesen Dingen muß ich mich in Zukunft unbedingt noch viel intensiver beschäftigen.

15. März — Dr. Rötzer

Sie haben recht, wenn Sie annehmen, daß Ihre Schwangerschaft des-
wegen eingetreten ist, weil Sie in den ersten beiden höheren Messungen noch ein Zeichen *S-EW* beobachten konnten. Ich habe Ihnen
in Ihre Aufzeichnungen mit Rotstift dieses Zeichen *S-EW* eingetragen
und über dem letzten Tag mit dem Zeichen *S-EW* den dicken Punkt
als Kennzeichnung für den *Höhepunkt* gemacht. Die Regel lautet

nun: Mit dem Umranden der drei höheren Messungen darf erst nach Aufhören des typischen S-EW begonnen werden. Ich lege Ihnen zum weiteren Verständnis das Merkblatt »Die Auswertung des Zeichens S in Verbindung mit der Messung der Aufwachtemperatur« bei (siehe Anhang d).

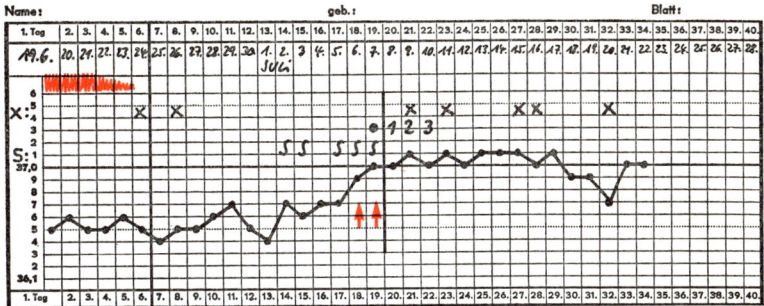

12. Juni — Frau F. schreibt an Frau Trobisch

Wir haben so viel Schönes erlebt, — doch das allerschönste war die Geburt unseres Töchterchens! Ja, liebe Frau Trobisch, wir haben seit 7 Wochen eine gesunde Tochter und wir sind sehr, sehr glücklich. Es ging auch diesmal wieder alles sehr schnell und gut. Doch das Schönste für mich war, daß mein Mann zum ersten Mal bei mir sein konnte während der Geburt. Auch für ihn war es ein besonderes Erlebnis und er bereut, daß er nicht jedes Mal dabei war. Mein Mann hatte ja vorher große Bedenken und hatte anscheinend ganz falsche Vorstellungen von einer Geburt. Er war deshalb ganz überrascht und erleichtert als er miterlebte, wie alles so wunderbar ruhig und schmerzarm verlief. Ich werde nie vergessen, welch ein Staunen in seinen Augen war, als das Köpfchen und dann auch gleich das ganze Menschlein geboren wurde. Wie glücklich haben seine Augen gestrahlt, als uns unser Kind in die Arme gelegt wurde. Wir konnten beide nicht mehr sprechen vor Überwältigung und Glück. Eine so schöne und freudige Geburt hatte ich noch nie — ich war immer allein mit meinen Empfindungen und meiner Freude. Doch diesmal konnte ich sie mit meinem Mann teilen und wir durften unser Kind gemeinsam zur Welt bringen. Dies war wirklich eines unserer schönsten Erlebnisse in unserer fast 12jährigen Ehe! Wir sind so froh und dankbar, daß wir dieses Glück nochmal erleben durften. Ich finde sogar, daß wir erst jetzt eine richtige Familie geworden sind. 2 Kinder sind doch zu wenig. — Ich habe genau 3 Wochen nach der Entbindung wieder mit dem Messen der Aufwachtemperatur angefangen und werde Dr. Rötzer diese Aufzeichnungen senden.

5. Kapitel

Die Zeit nach der Entbindung

»Wir sind alle ganz glücklich darüber ...«

30. Mai — Frau S. beginnt erst nach der Entbindung mit ihren Aufzeichnungen

Ich habe am 29. 5. einen gesunden Knaben entbunden. Wir sind alle ganz glücklich darüber. Nach drei Wochen möchte ich mit genauen Aufzeichnungen (gemäß Ihrer Anleitung) beginnen. Da ich ja im Erlernen dieser Methode noch ganz am Anfang stehe, freue ich mich, daß ich bei unklaren Fragen zu Ihnen kommen kann, um mir Klarheit zu verschaffen. Ich möchte ja mein Kind, solange es geht, voll stillen.

In der ersten Zeit werde ich sicher nachts immer aufstehen müssen, um den Kleinen zu versorgen. Im Haushalt hilft jedoch meine Mutter, darum werde ich mich ganz den Kindern widmen können.

Ich blicke sehr zuversichtlich in die Zukunft.

Für die Unterlagen, die Sie mir zusenden wollen, bin ich Ihnen sehr dankbar.

10. Juni — Dr. Rötzer

Für die Zeit nach einer Entbindung ist es besonders wichtig, die Tage mit dem Zeichen S zu beobachten. Ich lege Ihnen daher heute die Merkblätter über die erste Anleitung und über das Verhalten nach einer Entbindung bei (siehe Anhang a und f). Versuchen Sie ab der 3. Woche täglich Ihre Beobachtung durchzuführen, und tragen Sie den entsprechenden Vermerk in der Tabelle ein. Diese Selbstbeobachtung ist ein Lernprozeß, das sollen Sie nicht vergessen, falls Sie am Anfang Schwierigkeiten haben sollten.

Ich lege Ihnen auch gleich das »Weiterführende Merkblatt zur Selbstbeobachtung der fruchtbaren Tage« bei (siehe Anhang b), in welchem die Weiterführung der Selbstbeobachtung beschrieben ist.

Sie wissen ja, daß es auch vor der ersten Blutung möglicherweise fruchtbare Tage geben kann. Um diese Tage rechtzeitig zu erkennen, ist es notwendig, drei Wochen nach der Entbindung mit dem Messen der Aufwachtemperatur und der Selbstbeobachtung zu beginnen. Die Erfahrung anderer Frauen hat gezeigt, daß es mit dieser kombinierten Methode möglich ist, die möglicherweise fruchtbaren Tage gut einzugrenzen. Auch dann, wenn die Frau in der Nacht mehrmals wegen eines Kindes aufstehen muß.

Für die Zeit nach einer Entbindung hat es sich bewährt, wenn die Frau ihre Aufzeichnungen doppelt ausfertigt. Sie können bei dieser Vorgangsweise bei Unklarheiten das eine Blatt sofort an mich senden und auf dem zweiten Ihre Beobachtungen weiter eintragen.

30. August — Frau S.

Herzlichen Dank für die Unterlagen!

Ich möchte Ihnen nun meine Aufzeichnungen zur Auswertung und Beratung übersenden. Ich hoffe, daß ich mit der Zeit gut mit dieser Art der Familienplanung zurechtkommen werde. Jedenfalls möchte ich mit Ihnen brieflich in Verbindung bleiben.

Zu meinen Aufzeichnungen möchte ich noch bemerken, daß ich mein Kind nur drei Wochen voll stillen konnte. Die Milch war dann zu wenig, und ich habe dann noch drei Wochen teilweise gestillt.

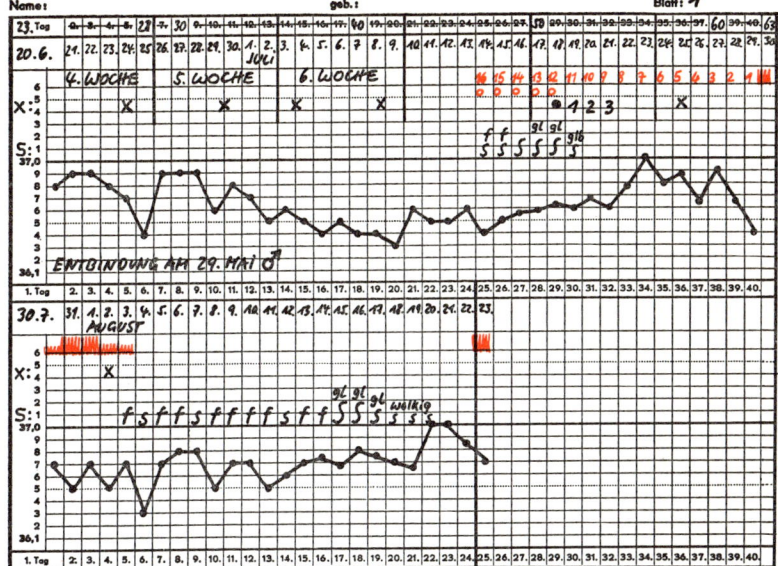

21. September — Dr. Rötzer

Ihr sehr gut geführtes Blatt 1 nach der Entbindung zeigt einen ganz
typischen Verlauf, wie er in dieser Zeit immer wieder vorkommt.
Das Zeichen S in der 7. Woche, in der Sie ja Ihr Kind abgestillt hatten, gibt einen guten Hinweis auf einen möglicherweise ablaufenden
Eisprung. Dieser muß aber trotz aller äußeren Zeichen nicht statt-
gefunden haben. Es sind das besondere Verhältnis nach einer Entbindung, in denen sich hormonelle Veränderungen im Körper der
Frau bemerkbar machen. Auch die relativ kurze Temperaturhochlage hängt damit zusammen.

Der darauffolgende Zyklus zeigt Unregelmäßigkeiten, die sich in
den folgenden Zyklen sicherlich geben werden. Mit dem 23. August
ist eine Blutung eingetreten, ohne vorhergehende verwertbare Temperaturhochlage. Auch dies ist eine Beobachtung, wie sie nach einer
Entbindung immer wieder gemacht wird. Diese Blutung stellt keine
echte Regelblutung dar, und die Frau darf in diesem Fall die 6-Tage-
Regel nicht anwenden. Dies wissen Sie ja bereits. Da Ihnen Ihre

81

ersten Aufzeichnungen — noch dazu in einer so schwierigen Situation (Zeit nach einer Entbindung) — so gut gelungen sind, werden Sie mit der Selbstbeobachtung und Aufwachtemperatur gut zurechtkommen.

»Erste Hilfe für Stillwillige«

Viele Mütter möchten ihr Kind gerne voll stillen. Sie hören aber nach kurzer Zeit wieder damit auf, weil sie meinen, zu wenig Milch zu haben. Mein Rat ist immer: anlegen, anlegen, anlegen! Das heißt, das Kind soll häufiger, z. B. am Anfang alle zwei Stunden, an die Brust gelegt werden. Durch den Saugreflex des Kindes wird der mütterliche Körper veranlaßt, eine angemessene Menge Milch zu produzieren. Bei jeder Mahlzeit soll die Mutter ihr Kind an beiden Seiten anlegen, und zwar immer abwechselnd beginnend. Gibt man dem Baby hingegen zusätzlich die Flasche, die es mit weniger Anstrengung trinken kann, wird es an der Brust der Mutter auch immer weniger saugen, und die Muttermilch wird tatsächlich immer weniger werden.

Voll Stillen bedeutet: keine zusätzliche Beifütterung, auch kein Tee oder sonstige Flüssigkeiten. Auch soll während der Nacht mindestens einmal gestillt werden. Die ganze Familie soll dafür sorgen, daß die Mutter in Ruhe das Kind stillen kann. Denn wenn sie entspannt ist, kann die Milch durch einen Reflex von selbst fließen.

»Zeit des Stillens — Zeit des ›Sichfindens‹«

29. Oktober

Ich danke Ihnen ganz herzlich für Ihr Buch »Mit Freuden Frau sein«. Trotz der vielen Arbeit durch den Umzug habe ich es schon ganz durchgelesen ... In meiner augenblicklichen Situation hat mich natürlich das Kapitel »Stillen« besonders interessiert. Viele wundern sich, daß ich unser Baby »noch immer« (es sind erst drei Monate) stillen kann.

Die richtige Einstellung der Mütter geht oft durch die »stillfeindlichen« Krankenhäuser verloren. Ich hatte bei allen Kindern im Krankenhaus große Schwierigkeiten. Es wollte nicht so recht klappen, und man hat mir im Krankenhaus gesagt, es wird auch nichts daraus werden, besonders wenn man zuhause wieder zu arbeiten anfängt. Ganz das Gegenteil war der Fall.

Ich konnte zwar im Krankenhaus nicht durchsetzen, daß die Kinder nicht so viel zugefüttert bekommen, aber durch meine Erfahrung mit dem ersten Kind habe ich es geschafft. Ich legte die Kinder bei jeder Mahlzeit an beide Seiten an (auch im Krankenhaus!) und zwar immer abwechselnd beginnend. Und als dieses Mal an einer Seite die Milchgänge sich nicht lockern wollten, habe ich die Milchpumpe verlangt, die ich aber erst nach mehrmaligem Nachfragen bekam. Eine unvorbereitete Mutter hätte wahrscheinlich aufgegeben.

Zuhause habe ich dann den zusätzlichen Flüssigkeitsbedarf mit Milch und Lindenblütentee gedeckt.

Ich bin sicher, daß man ohne festes Wollen und ohne die richtige Einstellung zum Kind nicht stillen kann. Man braucht auch anfangs etwas mehr Zeit dazu. Aber was ist das schon im Vergleich zu dem, was einem geschenkt wird. Ich habe das dieses Mal ganz besonders empfunden. Die Zeit des Stillens ist bei dem vielen Wirbel, Durcheinander und Arbeit die einzige Ruhezeit und die Zeit des »Sichfindens« und des vollkommenen Daseins für das Kind gewesen. Ohne das Stillen wäre mir dieser echte Kontakt mit meinem Kind nicht möglich gewesen.

Ich bin fest entschlossen, auch hier in meiner Umgebung den Feldzug für das Stillen bei jeder Gelegenheit weiterzuführen.

»Kind oder Mann?«

13. Juni

Liebe Frau Trobisch!

Ich blicke auf eine lange, schöne Stillzeit zurück. In den ersten 4¹/₂ Monaten habe ich unser Kind voll gestillt; dann, als ich mit Zufüttern begann, legte ich es — auf seinen Wunsch hin — auch noch sehr häufig an. Es war wirklich eine wunderbare Zeit für mich.

Nur eine Schattenseite hatte das Ganze. Durch dieses häufige Anlegen trat monatelang keine Regelblutung ein. Dadurch konnte ich auch lange keinen Eisprung feststellen und wußte nie, wo ich in meinem Zyklus stand.

Mein Mann und ich haben diese Monate nur durch lange Enthaltsamkeitsperioden überstanden. Ich bin sehr froh, daß mein Mann so viel Verständnis aufbrachte. Es war wirklich nicht leicht.

Nun möchte ich das Stillen einer bekannten Frau weiterempfehlen. Aber ich habe noch große Hemmungen, denn ich möchte ihr nicht so lange Wartezeiten zumuten. Das könnte ihre Ehe gefährden.

Meine Frage an Sie ist nun die: Wie kann diese schwierige Zeit positiv überbrückt werden, so daß einerseits die durch das Stillen besonders enge Mutter-Kind-Beziehung nicht frühzeitig durch eine neue Schwangerschaft gestört wird, andererseits aber auch die eheliche Gemeinschaft (die ja eine der besten Voraussetzungen für das Stillen darstellt) nicht durch lange Wartezeiten zu stark belastet wird?

Nach der Geburt eines Kindes tritt bei Müttern, die ihre Babys in den ersten Monaten voll stillen und auch später noch häufig anlegen, meist monatelang keine Regelblutung ein. Dadurch kann oft lange kein Eisprung festgestellt werden.

Wie kann diese schwierige Zeit positiv überbrückt werden?

27. Juni — Ingrid Trobisch

Danke für Ihren offenen Brief! Ich freue mich sehr, daß Sie trotz Schwierigkeiten noch immer stillen. Ja, Sie können ganz beruhigt sein: Ihre Milch ist das Beste für Ihr Kind. Es kann damit besser gedeihen als mit jedem anderen Ersatzpräparat.

Zu Ihrer Frage bezüglich des Zyklus lege ich Ihnen ein Merkblatt von Dr. Rötzer bei: »Anleitungen für das Verhalten nach einer Entbindung« (siehe Anhang f). Zusammen mit der verfeinerten Beobachtung des Zeichens S kann die Frau zu einer Bestimmung von unfruchtbaren Tagen kommen. Sehen Sie sich dazu auch die beigelegte Aufzeichnung einer jungen Frau an, die mit Hilfe der »Höhepunktsregel« (siehe Anhang b und e) zu einer guten Auswertung gelangte.

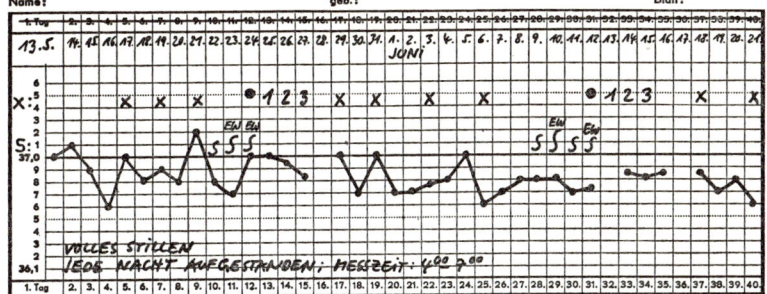

Außerdem kann die *voll stillende* Mutter sicher sein, daß die ersten drei Monate nach der Entbindung unfruchtbar sind. Sie kann sich ganz ihrem Mann hingeben, und auch so dem Vater des Kindes ihre Liebe und Dankbarkeit zeigen. Sie teilt mit ihrem Kind in dieser Hingabe das Erleben des väterlichen Schutzes und der Geborgenheit. Und der Mann erfährt selbst Stillung und Frieden. Viele Ehepaare bezeugen, daß diese Monate zu den kostbaren Zeiten ihrer Ehe gehören.

Ich darf Ihnen ein Zeugnis eines jungen Ehepaares beilegen, in dem diese Antwort geben auf die Fragen, ob die Zeiten der Enthaltsamkeit während des Abstillens sie in eine unerträgliche Lage gebracht hätten:

»Uns kam es nicht so vor. Natürlich wurde von uns Geduld und Verständnis gefordert — und viel Liebe. Dies soll ja nicht bloß durch Worte, sondern auch durch Zärtlichkeiten ausgedrückt werden. Wir versuchten, unsere Zuneigung auch durch körperliche Berührung zu zeigen und erinnerten uns gegenseitig, daß diese Zeit der Enthaltsamkeit vorbeigehen wird. Wir haben uns für diese »Fastenzeit« entschieden. Wir meinen nun, daß Paare, die diese Entscheidung gemeinsam im Glauben und in Liebe fällen, auch eine schöpferische Enthaltsamkeit erlangen können, die zu einer geistigen Bereicherung der Ehe führt. Die stillende Mutter, die sich in einer solchen Liebe eingebettet fühlt, muß nicht entscheiden, ob sie ihre Liebe ihrem Kind oder ihrem Mann gegenüber ausdrücken soll. Sie ist frei, sich selbst an beide hinzugeben.«

»Wir werden unser Kind stillen können!«

Zeugnis einer Mutter, die ihr Kind gerade im dritten Monat voll stillt:

»Als junge Mutter muß man genau wissen, daß der Mann hinter dem Stillen steht. Denn im Krankenhaus sind die Verhältnisse so, daß man richtig decouragiert wird. Man glaubt, man kann nicht stillen. Wenn ich aber weiß, mein Mann ist der, der mir Mut macht, damit ich das Kind stille, und er ist nicht eifersüchtig, dann klappt es.

Am Anfang gibt es Schwierigkeiten, und mein Mann hat mir wirklich geholfen, das Stillen nicht aufzugeben. Man braucht ja viel Zeit mit so einem Neugeborenen, man muß sich hinlegen und benötigt mehr Ruhe. Da war mein Mann der einzige, der mir das geben konnte. Wenn ich sagte, ich kann es nicht, dann sagte er: Wir werden unser Kind stillen können! Und jedesmal, wenn ich mein Kind gestillt habe, dankt mein Mann mir, daß ich unserem Kind eine so gute Mahlzeit gegeben habe.«

»Ich bin endlich erwachsen geworden«

Antwort einer jungen Mutter bei einem Eheseminar auf die Frage, was das Stillen für sie als Frau bedeutete:

»Ich durfte unser drittes Kind elf Monate lang stillen. Im nachhinein sehe ich diese Zeit als eine ganz wesentliche Zeit für mich. Ich habe etwas gelernt, was ich vorher mit meinen 31 Jahren noch nicht gelernt hatte. Zuerst war immer, wenn ich ein Kind angelegt hatte, diese ängstliche Frage in mir: Habe ich denn genug Milch? Als dann mein Kind wuchs und ich es gedeihen sah, lernte ich dieses Vertrauen, daß ich alles, was das Kind brauchte, ihm geben konnte. Ich erlebte: Die Milch kommt so sicher, wie der Morgen nach der Nacht kommt. Es wurde für mich etwas ganz Wesentliches: dieses Hineingenommensein, dieses Passivsein, dieses Geschehenlassen. Durch dieses Erlebnis des Stillenkönnens veränderte sich bei mir selbst folgendes: Ich habe ein ganz tiefes Vertrauen gelernt, daß auch das, was ich brauche, mir zukommt. Seither kann ich mich ganz anders bewegen, auf die Menschen zugehen. Ich frage nicht mehr ängstlich, wie ich den anderen nun wieder anreden soll und was ich tun soll. Ich bin anders — ich bin sicherer geworden. Das haben auch Menschen bemerkt, die mich schon lange kennen. Ich bin endlich erwachsen geworden.«

» Auch ich wurde ganz still.«

15. Mai

Als wir Dominik bekamen, stand die Diagnose »Mongolismus« fest. Der Kleine war in Lebensgefahr und kam gleich am zweiten Tag ins Kinderkrankenhaus.

Dominik war und ist uns trotz allem ein großes Geschenk, und wir spürten, wie Gott unser Vater ihn und uns durch die erste Zeit trug.

Das Stillen war nun eine sehr große Hilfe. Allein das Gefühl, daß unser Baby meine abgepumpte Milch bekommt, gab mir das Bewußtsein, irgend etwas tun zu können. So pumpte ich — trotz ersten Widerspruchs der Schwestern — eifrig, während meine Zimmerkollegin ihr Baby stillte.

Nach vier Wochen bekamen wir unser zartes »Pflänzchen« nach Hause. Noch nie hatte Dominik an der Brust getrunken, und die Muttermilch reichte für 2 bis 3 Mahlzeiten. Nachdem Ärzte und Schwestern mir wieder keinen Mut machten, legte ich Dominik trotzdem an, mit großer Spannung, und er trank sofort ganz friedlich. Er verweigerte bald das Fläschchen und erbrach es. So zwang mich unser kleiner Sohn voll zu stillen, obwohl die Milch nicht reichte. Einen ganzen Tag verbrachte ich damit, den kleinen hungrigen Schreier an die Brust zu legen — und die Milch kam, so daß ich voll stillen konnte. Ohne Waage merkte man, daß es unserem Baby gut tat. Doch die Freude war kurz. Durch Medikamente, die ich dringend brauchte, ging die Muttermilch zurück, und dann mußte ich noch operiert werden, als Dominik acht Wochen alt war. Alle Ärzte rieten mir wieder: sofort abstillen. Doch zum Glück waren die Sorge um unseren Sohn und mein Dickkopf größer, und ich pumpte wieder ab und schüttete diese Milch weg (denn ich hatte eine Unmenge Medizin in mir). Zuhause nahm Dominik inzwischen mit viel Mühe 20 bis 30 g zu sich (wenn es gut ging!), und so traf ich ein ganz dünnes und blasses Kind an, als ich vom Krankenhaus nach Hause kam. Am ersten Morgen saugte er gierig über 200 g an der Brust, und uns ging es wieder gut. (Die Waage verbannte ich wieder!)

Nach all diesen Hürden kamen ungetrübte Stillfreuden. Es bedeutete mir viel, ein gestilltes Kind ins Bettchen legen zu können. Auch ich wurde ganz still und hatte am Abend das Gefühl, dem Kind alles gegeben zu haben, was es brauchte.

Auch vom praktischen Gesichtspunkt her konnte ich mir nichts besseres vorstellen. Wir waren viel unterwegs — Untersuchungen, Behandlungen usw. Dominik hatte viel zu überstehen, doch er kam immer ganz zur Ruhe beim Stillen im Auto oder im Wartezimmer — wo es auch war. Mit drei Monaten begann eine harte Gymnastik, die wir 4mal täglich durchführen mußten. Das ging mit großem Geschrei und Tränen vor sich, und es war nicht leicht für die Eltern und das Kind, das alles zu verarbeiten. Mutter und Kind fanden wieder Trost beim Stillen.

Auch in hohen Fiebernächten nahm Dominik nichts zu sich von allen verordneten Medikamenten und Diäten — nur Stillen half.

Ich weiß nicht, wie ich den kleinen und jammernden Patienten sonst zur Ruhe gebracht hätte und bin sehr dankbar für diese Gabe des Stillens, die Gott uns Müttern für die Kleinen gibt.

Dominik war fast ein Jahr lang nicht krank, konnte mit dem Löffel essen, aus der Tasse trinken, bekam mit 15 Monaten die ersten Zähnchen, knüpfte viele Kontakte und hatte plötzlich Wichtigeres zu tun, als an der Brust zu trinken. Er wurde selbständiger und war abends auch mit einem Lied zufrieden.

Ich bin froh über die 16 Monate Stillen und dankbar für jeden, der mir Mut machte. Ich möchte einfach weitersagen, daß es sich lohnt, auch wenn anfangs alles mit Aufregungen verbunden war.

6. Kapitel

Übergang zur Selbstbeobachtung...

... nach der »Pille«

»Ich schluckte sie gehorsam, jedoch widerwillig«

10. Oktober — Frau V. ist pillenmüde

Liebe Frau Trobisch!

Da mein Mann noch drei Jahre Studium vor sich hat, dürfen wir leider noch keine Kinder bekommen. Ich möchte nämlich, wenn ein Baby da ist, auf keinen Fall mehr arbeiten. Da wir aber zunächst auf meinen Verdienst angewiesen sind, bleibt uns also nichts anderes übrig, als eine Schwangerschaft zu verhindern.

Mein Arzt verschrieb mir natürlich die »Pille«. Ich schluckte sie gehorsam, jedoch widerwillig. Allerdings stellten wir eine große Veränderung an mir fest. Ich wurde gereizt, nahm zu und empfand keine Lustgefühle mehr, wenn wir uns vereinigten. Wir baten Gott, uns zu helfen, und sechs Tage später bekam ich Ihr Buch »Mit Freuden Frau sein« empfohlen.

Da ich aber einige Dinge noch genauer wissen möchte, würde ich gerne noch mehr Literatur darüber lesen. Ich fragte im Buchhandel nach Dr. Rötzers Buch »Kinderzahl und Liebesehe«, es ist dort jedoch unbekannt. In welchem Verlag wurde es herausgebracht?

25. Oktober — Ingrid Trobisch

Um sich noch genauer über diese Methode der Familienplanung informieren zu können, lege ich Ihnen eine Bestellkarte von Rötzers Buch bei. Sie dürfen sich auch gerne persönlich an ihn wenden, wenn Sie noch Fragen haben.

Fangen Sie nun an, Ihre Aufwachtemperatur zu messen und die Symptome zu beobachten. Diese Aufzeichnungen können Sie dann Dr. Rötzer zusenden, der sie Ihnen dann genau auswerten kann.

»Meine Periode war nur noch wenig bräunlicher Schleim«

6. September — Frau L. will die Pille absetzen

Nachdem ich sechs Jahre die »Pille« eingenommen habe, bin ich zu dem Entschluß gelangt, daß es so nicht weitergehen kann, da sich meine Periode nur noch in wenig bräunlichem Schleim bemerkbar macht. Wie froh bin ich, Ihr Buch »Kinderzahl und Liebesehe« vor mir zu haben, und so denke ich auch ohne »Pille« unsere Familienplanung in den Griff zu bekommen. Darf ich nun ein paar Fragen an Sie richten:

1. Da ich mit dem Messen der Aufwachtemperatur begonnen habe und auch am 21. Tag noch keinen Temperaturanstieg erreichen kann, ist meine Frage: Kann ich in Ruhe auf einen Temperaturanstieg warten, oder muß ich zu einem Arzt?

2. Kann es sein, daß meine Eierstöcke nicht mehr funktionsfähig sind durch die lange Pilleneinnahme?

3. Sollte jedoch ein Temperaturanstieg erfolgen, so wie Sie ihn schildern, sind dann die Tage danach — trotz meiner Pilleneinnahme — sicher unfruchtbar?

Es wäre mir und meinem Mann eine große Hilfe, wenn Sie mir meine Fragen beantworten könnten, auch wäre ich gerne bereit, Ihnen meine Messungen zur Verfügung zu stellen.

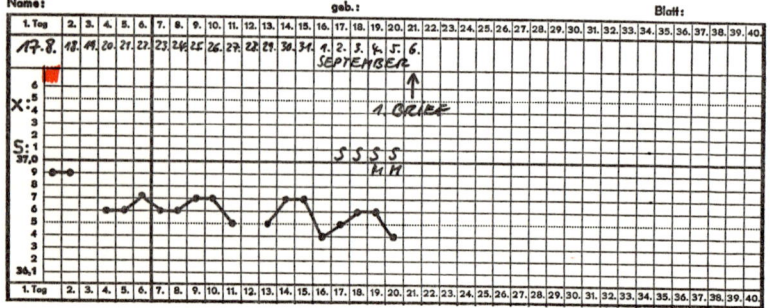

10. September — Dr. Rötzer

Auf Ihre wichtigen Fragen, von deren Beantworten Ihr richtiges Verhalten abhängt, will ich Ihnen sofort antworten.

Nach einer derart langen Einnahme der »Pille« müssen Sie jetzt Geduld haben, da der Temperaturanstieg in so einer Situation manchmal lange auf sich warten läßt. Es kann sogar geschehen, daß die Temperatur gar nicht ansteigt und trotzdem eine Blutung einsetzt. Das wäre dann keine echte Regelblutung, sondern eine sogenannte Abbruchblutung, in deren Zusammenhang man keine unfruchtbaren Tage annehmen darf. Danach kann die Temperatur weiterhin niedrig bleiben oder auch bald ansteigen. Es läßt sich einfach derzeit nicht voraussagen, wie sich der weitere Verlauf gestalten wird. Zunächst gilt es, alle Beobachtungen sorgfältig zu registrieren und aufzuzeichnen.

Ich würde Ihnen vorschlagen, daß Sie für die nächste Zeit Ihre Aufzeichnungen doppelt führen, und mir eine Ausfertigung zusenden, sobald sich eine Frage ergibt. Eine derartige Frage könnte z. B. wegen eines undeutlichen Temperaturanstieges auftreten. Es ist nämlich in der Zeit nach der Pillenabsetzung sehr wichtig, sich nur auf einen klaren Temperaturanstieg zu verlassen. Es kann manchmal Temperaturzacken geben, die täuschen könnten. Jedenfalls müssen Sie sehr viel Geduld aufbringen, denn es kann nach so langer Pilleneinnahme lange dauern, bis sich der Zyklus wieder einpendelt. Andererseits kann es auch überraschend schnell gehen. Aber man muß manche persönliche Eigenart wissen, so daß ich derzeit noch keine Voraussagen treffen kann.

Sie schreiben in Ihrem Brief noch nichts von der Beobachtung des Zeichens S, haben aber dieses schon in der Tabelle eingetragen. Für die verbesserte Form der Bestimmung der fruchtbaren und unfruchtbaren Tage der Frau nimmt aber diese Beobachtung des Zeichens S eine Schlüsselstellung ein. Insbesondere könnte diese verfeinerte Beobachtung des Zeichens S Ihnen bei der Überbrückung der Schwierigkeiten in Ihrem jetzigen Zyklus helfen.

Bitte lesen Sie sich die zwei beigelegten Merkblätter über die Selbstbeobachtung der Frau sorgfältig durch (siehe Anhang a und b)! Sie sollen für Sie eine Anregung sein, dieses Zeichen S genauer zu beobachten. Scheuen Sie sich bitte nicht, mir sofort Ihre Aufzeichnungen zuzusenden, wenn Sie irgendwelche Fragen dazu haben!

Versuchen Sie, das Zeichen S einzutragen und irgendwie mit eigenen Worten zu beschreiben. Bevor Sie sicher unfruchtbare Tage annehmen, möchten Sie auf jeden Fall bei mir rückfragen. Eine eindeutige Auslegung könnte sich für Sie ergeben, wenn ein ausgeprägtes Zeichen S vorhanden ist und *anschließend* drei deutlich höhere Messungen, wobei man nach so langer Pilleneinnahme lieber eine 4. höhere Messung abwartet. Wenn sich das einmal zeigt, dann laufen die folgenden Zyklen schon »normal« ab.

14. September — Frau L.

Ich bin Ihnen sehr dankbar für die schnelle Beantwortung meines Briefes, und hoffe auch weiterhin auf Ihre Hilfe, denn ich bin tatsächlich noch nicht in der Lage, meine Temperaturmessungen zu deuten. Es ist zwar jetzt ein Temperaturanstieg erfolgt, doch wage ich nicht, unfruchtbare Tage anzunehmen. Es ist für mich auch noch schwer, das Zeichen S festzustellen, da ich ja die vergangenen Jahre nicht darauf zu achten brauchte. An den Tagen, an denen ich das Zeichen S eingetragen habe, verspürte ich Feuchtigkeit an der Scheide sowie auch Schleim, der aber mehr weißlich-trüb war. Am ersten Tag des Zeichens S konnte ich einen weißlich-trüben oder fast gelblichen Schleimklumpen bemerken. Der Schleim ließ sich auch dehnen, ungefähr auf 3 cm. Ich werde mich bemühen, weiterhin genau auf das Zeichen S zu achten. Vielleicht ist es Ihnen möglich, mir bald eine Antwort zukommen zu lassen.

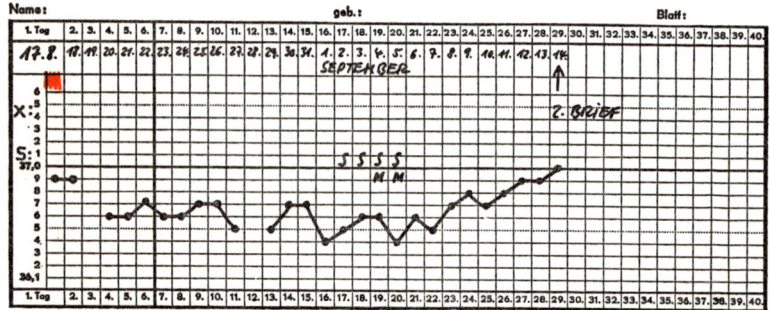

23. September — Dr. Rötzer

Die mir übersandte Zweitschrift Ihrer Aufzeichnung endet mit 14. September. Der Verlauf ist besser, als ich nach einer derart langen Pilleneinnahme erwartet hätte. Daß das Zeichen S noch nicht klar zutage tritt, ist nicht verwunderlich, aber Sie haben Ihr Zeichen S sehr gut beschrieben. Anschließend ist ein Temperaturanstieg erfolgt, der bereits als echt anzusehen ist. Die Menstruation wird inzwischen sicherlich schon eingetreten sein. Rückblickend können Sie nun die notwendige Erfahrung gewinnen, um im nächsten Zyklus den Temperaturanstieg bereits auswerten zu können. Wahrscheinlich werden Sie auch bald Tage im Anschluß an die Regelblutung als unfruchtbar annehmen können. Zu diesem Zweck sollten Sie mehr auf die sogenannten »trockenen« Tage achten. Wenn Sie sich die Aufzeichnung auf dem Merkblatt b anschauen, so sehen Sie, daß im Anschluß an die Blutung trockene Tage mit dem Kleinbuchstaben »t« eingetragen sind. Danach konnte zwei Tage lang keine genauere Bezeichnung gegeben werden, und dann setzt das deutliche Zeichen S ein. Eine nähere Erklärung dazu finden Sie in dem beiliegenden Merkblatt über die Bedeutung der trockenen Tage (siehe Anhang c).

Lassen Sie einmal ruhig die notwendigen Empfindungen am Scheideneingang an sich herankommen. Es ist ja dies ein Lernprozeß, der sich allmählich von selbst einstellt, wenn nur die Frau das Interesse für diese Vorgänge aufbringt.

In den Aufzeichnungen sollten Sie noch die Dauer der Blutung mit ihrer ungefähren Stärke andeutungsweise eintragen. Das Blatt 1 sende ich Ihnen dann zur Vervollständigung zurück.

28. September — Frau L.

Ich habe meine Regelblutung am 20. September bekommen. Sie ist ganz normal verlaufen.

Sie fragen mich nach den »trockenen« Tagen, und ich kann Ihnen bestätigen, daß ich diese beobachten kann. Ich werde nun auch mit großer Aufmerksamkeit versuchen, die Tage mit dem Zeichen S zu erkennen. Zu der ausfließenden Samenflüssigkeit kann ich noch keine Angaben machen, da ich während der Pilleneinnahme nicht darauf geachtet habe und jetzt mit meinem Mann noch kaum ehelichen Verkehr hatte, da ich doch noch etwas ängstlich bin, da unser zweiter Sohn auch während der Anwendung der Temperaturmethode empfangen wurde. Natürlich wußte ich damals noch nichts vom Zeichen S und t, so wie viele Anhaltspunkte, die ich aus Ihrem Buch entnehmen konnte.

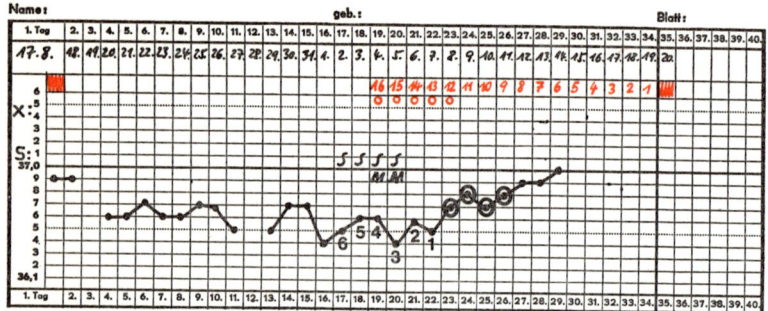

... und IUD

»Wir haben uns entschlossen, die Spirale einsetzen zu lassen«

30. Mai — Frau M. versucht es mit der Spirale

Zuerst nahm ich zwar die Temperaturmessung und auch die Schleimbeobachtung vor, doch dann haben mein Mann und ich uns entschlossen, die Spirale einsetzen zu lassen. Derzeit möchten wir jedes Risiko einer Schwangerschaft, wie nur irgendwie möglich, vermeiden.

Gegen die »Pille« habe ich eine Abneigung, darum haben wir den Weg der Verhütung durch eine Spirale gewählt. Da uns aber der Arzt erklärt hat, daß die Gefahr einer Schwangerschaft bei der Spirale doch eventuell gegeben ist, nehme ich nach wie vor auch die Temperaturmessung und Selbstbeobachtung vor.

Ich glaube aber, daß diese Aufzeichnungen, die ich seit dem Einsetzen der Spirale vorgenommen habe, für Sie nicht sehr nützlich sein werden.

Grundsätzlich müßte es möglich sein, auch beim Tragen einer Spirale Temperaturmessung und Selbstbeobachtung weiterzuführen, wenn Sie auch eine Änderung in der Beschaffenheit des Zeichens S wahrscheinlich feststellen werden. Dies wird von verschiedenen Frauen auch verschieden beobachtet. Es ist deshalb sehr wichtig darüber Erfahrungsberichte zu bekommen, und ich würde Sie bitten, mir die seit dem Einsetzen der Spirale vorgenommenen Beobachtungen zur Einsichtnahme zuzusenden. Vielleicht könnten Sie mir sogar eine eigene kurze Beschreibung hinsichtlich Ihres nunmehrigen Zeichens S geben. Dies wäre zunächst die rein medizinisch-wissenschaftliche Seite.

Andererseits aber möchte ich Sie unbedingt darauf aufmerksam machen, daß die Spirale nicht eine Empfängnis verhütet, sondern vorwiegend in anderer Weise wirkt. Der Hauptteil der Wirkung besteht darin, daß ein eventuell befruchtetes Ei an der Einbettung in der Gebärmutter behindert und mit der nächsten Blutung ausgestoßen wird. Das heißt aber, daß dies eine Abtreibung im frühesten Stadium darstellt. Dieser Mechanismus funktioniert nicht immer, so daß es eben unter der Spirale ungewollte Schwangerschaften gibt — worüber Sie ja informiert sind.

Andererseits aber können Sie natürlich durch eine gute Eigenbeobachtung und Temperaturmessung überhaupt das Eintreten einer Empfängnis vermeiden, so daß dann die abtreibende Wirkung der Spirale gar nicht zum Tragen kommt. Ich lege Ihnen weiteres Schulungsmaterial bei (siehe Anhang a und b), welches eine Hilfe für die Selbstbeobachtung sein soll. Ich bitte Sie, nach diesen Anweisungen genau vorzugehen. Ich würde Ihnen vorschlagen, daß Sie mir in etwa einem Monat Ihre Beobachtungen mitteilen.

Außerdem möchte ich Ihnen nicht verschweigen, daß die Spirale auch andere gesundheitliche Schädigungen machen kann. Es gibt unregelmäßige Blutungen, schmerzhafte Unterleibskrämpfe, eine chronische Entzündung der Gebärmutterschleimhaut und der Eileiter bis zu einem Durchstoßen der Gebärmutterwand. Auch ein unbemerkter Verlust der Spirale ist möglich. Sind Sie darauf aufmerksam gemacht worden, wie man nach jeder Blutung selbst kontrollieren muß, ob die Spirale noch in der Gebärmutter liegt?

... nach dem IUD (Spirale)

27. August — Ehepaar Trobisch an Dr. Rötzer

Wir bitten Dich, uns Deine Meinung bezüglich dieser beiliegenden Aufzeichnung mitzuteilen! Es handelt sich um eine 22jährige Ehefrau, die sich — nachdem sie fast vier Jahre lang die »Pille« genommen hatte — ein IUD einsetzen ließ. Zeigt dieser Zyklus eine Ovulation an?

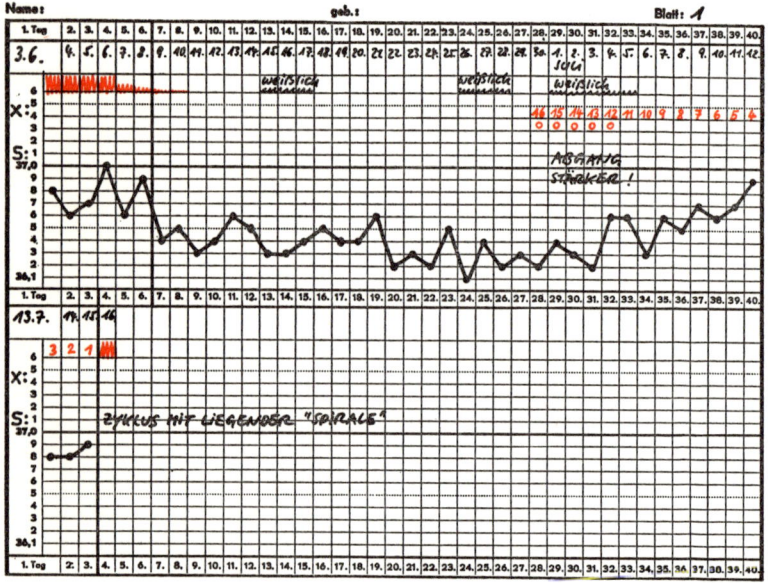

1. September — Dr. Rötzer an Trobisch

Meiner Erfahrung nach stört das IUD die Selbstbeobachtung und die Temperaturmessung, so daß ich bisher, in den wenigen Fällen, die ich gesehen habe, keinen ganz normalen Temperaturverlauf beobachten konnte. Dennoch läßt sich zu der beiliegenden Aufzeichnung einiges sagen. Zunächst muß man ein Lob für die Sorgfalt der Aufzeichnung aussprechen.

Bei Zurücknumerierung von 12 bis 16 ab der nächsten Blutung ergibt sich der mögliche Eisprungtermin, der auch mit der Selbstbeobachtung übereinstimmt. Diese junge Frau hat ihren persönlichen »weißen Abgang« in der Tabelle eingetragen. Bekanntlich kann man aber nie sagen, ob ein Eisprung auch wirklich abgelaufen ist — Selbstbeobachtung und Temperaturanstieg sind ja jeweils nur indirekte Zeichen, aber nie ein *Beweis* für eine Ovulation.

Nun aber wieder zu dieser Aufzeichnung. Nach dem stärkeren weißen Abgang steigt die Temperatur nur langsam an. Das kann immer wieder vorkommen, ohne daß dies krankhaft sein muß. Es liegt also zumindest ein sogenannter biphasischer Zyklus vor, d. h. mit einem Temperaturtal und einem Temperaturanstieg. Ich spreche überhaupt lieber von einem biphasischen Zyklus als von einem ovulatorischen.

Die Auswertung für die Praxis ist allerdings im vorliegenden Fall sehr schwer. Am Beginn des Zyklus dürfen nur wenige Tage als unfruchtbar angenommen werden. Dann beginnt eine lange Wartezeit, da die Beobachtung des Zervixschleimes noch nicht recht auswertbar ist. Nach der Phase mit der vermehrten Schleimabsonderung könnte man die ersten ansteigenden Temperaturwerte — im Zusammenhang mit der Schleimbeobachtung — bereits als den Temperaturanstieg ansehen.

Wenn man nur nach Dr. Billings (nach der reinen Selbstbeobachtung) vorgehen wollte, dann würde aber überhaupt der typische glasige, dehnbare Schleim fehlen, den Dr. Billings als den »Fruchtbarkeitsschleim« kennzeichnet. Wenn man nun das relative Maximum des beobachteten weißlichen Abganges vom 19. bis 33. Tag als den für diese Frau typischen Zervixschleim annehmen wollte, dann wäre ab dem 37. Tag eine unfruchtbare Zeit anzunehmen. Doch welche Frau würde sich in diesem Fall getrauen, ihre unfruchtbaren Tage nur nach dem schleimigen Abgang zu beurteilen?

Könntet Ihr dieser betreffenden Frau nun einige Fragen stellen:

1. Wäre sie bereit, das IUD entfernen zu lassen und zu beobachten, wie dann der Zyklus abläuft?
2. Wie war die Zyklusschwankung vor dem IUD und vor der »Pille«? Liegt wenigstens ein Menstruationskalender vor?
3. Werden Scheidenspülungen vorgenommen?
4. Wurde schon einmal ein sogenanntes »Geschwür« am äußeren Muttermund (Portio) verschorft?

Vielleicht können wir mit diesen Fragen herausfinden, ob bestimmte Umstände an der schlechten Beobachtung des Zeichens S Schuld tragen.

Es ist keine sehr befriedigende Auskunft, die ich geben kann. Es wird auch noch einige Zeit benötigen, bis sich vielleicht bessere Zyklusverhältnisse ergeben. Das Alter dieser jungen Frau, ihre Lebensweise (Studentin?) oder Belastungen des täglichen Lebens können eine Rolle spielen.

6. November — Frau O.

Mein Blatt 1 hat Ihnen Frau Trobisch zur Einsichtnahme zugesandt. Nun möchte ich Ihnen mein Blatt 2 zusenden. Auch Ihre Fragen, die Sie im Brief an Frau Trobisch gestellt haben, möchte ich Ihnen beantworten:

1. Ich habe mir das IUD schon am 2. Juli herausnehmen lassen. Mein Mann und ich gebrauchen nun Kondoms.
2. Von der Zeit vor der »Pille« und dem IUD habe ich leider keinerlei Aufzeichnungen über meine Monatsblutungen. Ich erinnere mich nur, daß meine Zyklen regelmäßig und ca. 30 Tage lang waren.
3. Ich nehme keine Scheidenspülungen vor und verwende auch keine Sprays.
4. Eine »Verschorfung« oder ähnliches wurde bei mir nie vorgenommen.

Ich bin sehr glücklich, daß mein letzter Zyklus so gut auswertbar ist!

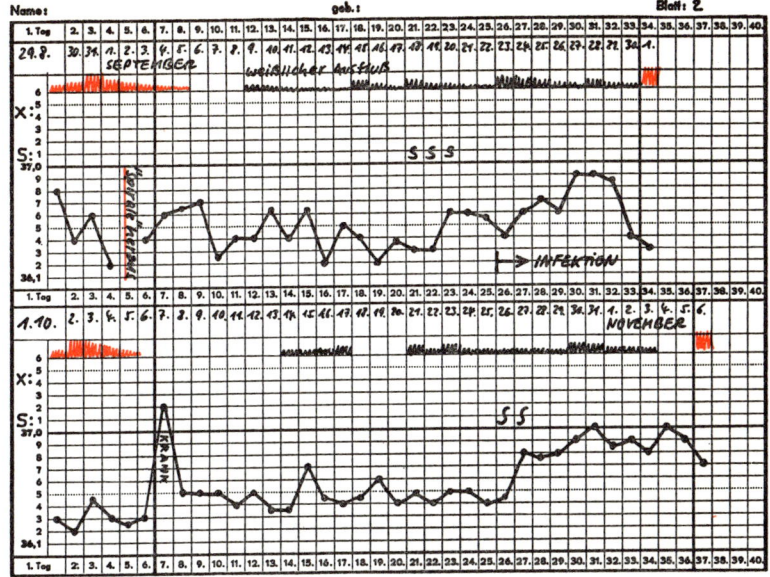

Ich zeichne meinen weißlichen Abgang in der Linie für die Blutung ein. Mit dem Buchstaben »S« habe ich nun den »Eiweiß-Schleim« gekennzeichnet. Den weißlichen Ausfluß würde ich als dicklich, manchmal ähnlich einer Hautcreme beschreiben. Das Zeichen S beobachte ich als klar, sehr dehnbar und ausziehbar. Könnten Sie uns bitte der Bestimmung meiner unfruchtbaren Tage helfen?

15. November — Dr. Rötzer

Ich stimme Ihnen zu, wenn Sie sagen, daß Ihr letzter Zyklus gut auswertbar war. Ich glaube, daß sich Ihre Zyklen in den kommenden Monaten regulieren werden. Ihre Aufzeichnungen sind ausgezeichnet geführt, und Sie beschreiben Ihre Symptome sehr gut.

Bei der Auswertung einer Temperaturkurve lautet die wesentlichste Regel: Nach Aufhören des typischen, glasigen Zeichens S sollen drei Messungen gesucht werden, die höher sind als sechs vorausliegende Temperaturwerte. Am Abend einer solchen dritten höheren Messung würde dann die unfruchtbare Zeit der zweiten Zyklusphase beginnen.

Wichtig dabei ist, daß der typische glasige Schleim in dieser Auswertung miteinbezogen werden muß. Wenn nun das S-EW noch in die erste höhere Messung hineinragt, wie das in Ihrem Zyklus der Fall war, müssen vier höhere Messungen abgewartet werden.

Ich habe Ihnen in Ihrer Aufzeichnung diese drei höheren Messungen gekennzeichnet. Ebenfalls den sogenannten *Höhepunkt*. Dieser ist der *letzte* Tag mit dem Zeichen S-EW. Die sicher unfruchtbare Zeit hat in diesem Zyklus am Abend des 30. Zyklustages begonnen. Ich glaube, daß Ihnen die Bestimmung der zweiten Zyklusphase gut gelingen wird.

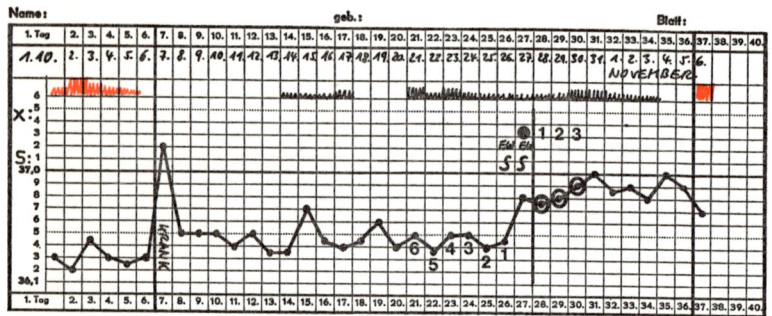

Etwas mehr Geduld wird für die nähere Bestimmung der ersten Zyklusphase nötig sein. Hierbei wäre Ihnen eine verfeinerte Beobachtung des Zeichens S eine große Hilfe. Versuchen Sie nach der Regelblutung sich genau zu beobachten und die Unterscheidung zwischen Ihrem weißlichen Abgang und dem Zeichen S genau zu bestimmen. Es ist wichtig, daß Sie vor Ihrem Zeichen S-EW noch eine andere Art des Zeichens S beobachten könnten, das dann eine rechtzeitige »Vorwarnung« wäre.

In den Tagen mit dem Zeichen S hat jedes Verhütungsmittel seine Versagerzahl.

So wünsche ich Ihnen viel Geduld bei der Bewältigung Ihrer Aufgabe der Selbstbeobachtung.

100

20. Januar — Frau O.

Ihre Information und Ihre Merkblätter, die dem letzten Brief beilagen, waren eine sehr große Hilfe für uns. Während der beiden letzten Zyklen war es für mich sehr leicht, die drei höheren Messungen mit den vorausgehenden sechs niedrigeren Messungen zu kennzeichnen. Meine Zyklen sind nun halbwegs »normal«, und ich konnte auch den typischen »Eiweiß-Schleim« längere Zeit beobachten. Im oberen Zyklus verspürte ich am 17. und 19. Tag eine sehr starke Feuchtigkeit, ähnlich wie Wasser. Am 24. und 25. Tag war das typische Zeichen S zu beobachten. Im unteren Zyklus konnte ich am 27. Tag einen starken Schmerz in der linken Seite verspüren, und ich glaube, dies war der sogenannte »Mittelschmerz«. Auch habe ich im unteren Zyklus vier höhere Messungen umrandet, da das Zeichen S-EW noch in der ersten höheren Messung vorhanden war.

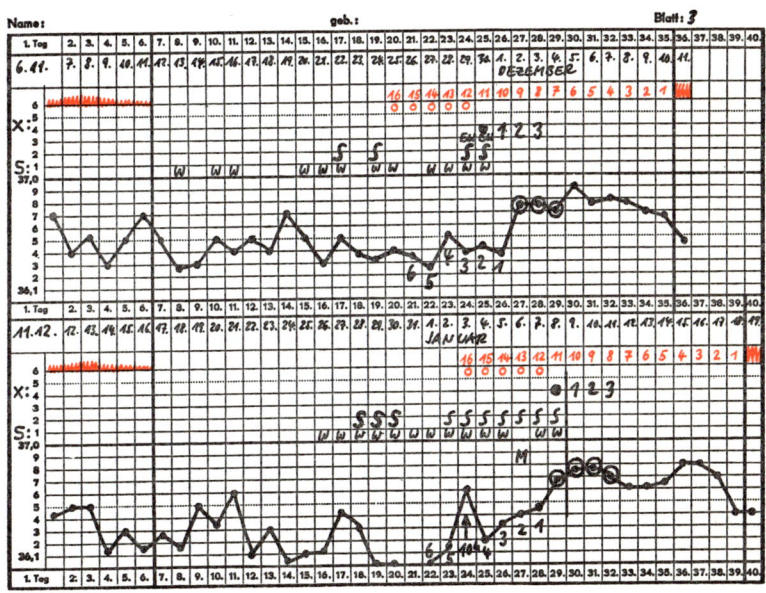

Ich bin dankbar, daß ich mit Ihnen Verbindung aufgenommen habe! Ich fühle mich auch physisch viel besser, seitdem ich mit der »Pille« und dem IUD aufgehört habe. Und ich glaube, es ist doch äußerst interessant, zu wissen und zu beobachten, wie der eigene Körper funktioniert.

7. Kapitel

Die Wechseljahre

»Das letzte Kapital Ihres Buches »Mit Freuden Frau sein — Das
Klimakterium — eine Chance zum Neuanfang — ist wie für uns
geschrieben. Wir sind in diesem Neuanfang.«

18. November — Frau G.

Nun habe ich eine Frage, die das Klimakterium betrifft. Die Müdigkeit, unter der ich leide, ist so ungewöhnlich stark, daß ich in meiner
Leistungsfähigkeit erheblich beschränkt bin. Das war während der
Pubertätszeit genau so. Ich weiß noch, daß wir damals auch Ärzte
wegen dieser rätselhaften Müdigkeit aufgesucht haben. Kann das
zusammenhängen? Es wäre ja schön, wenn man sich keine weiteren
Gedanken machen brauchte.

4. Dezember — Ingrid Trobisch

Die Müdigkeit, unter der Sie leiden und die Ihre Leistungsfähigkeit
beschränkt, hängt sicher mit dem Klimakterium zusammen. Sie müssen Geduld haben mit sich selbst, weil diese Zeit auch vorbei gehen
wird. Es ist aber wichtig, daß Sie unter ständiger ärztlicher Kon-
trolle bleiben, und daß Sie sich mindestens eine Stunde am Tag extra
Ruhepause gönnen. Wie ich in meinem Buch geschrieben habe, ist das
Klimakterium eine Pubertätszeit im umgekehrten Sinn.

Bedenken wir hier noch mal das Bild, daß Vollman verwendet:
Der Lebensablauf des weiblichen Fortpflanzungsgeschehens hat
einen Aufstieg — die Adoleszenz; ein Plateau — die optimale
Fruchtbarkeit, Reife; und einen Abstieg — die Wechseljahre oder
das Klimakterium.

Die Fruchtbarkeit der Frau nimmt in den Wechseljahren immer
mehr ab. So ist z. B. die Wahrscheinlichkeit zu empfangen bei einer
Frau von ungefähr 47 Jahren nur mehr 1 zu 10 000. Wie sich diese

Zeit in den Zyklusaufschreibungen im einzelnen bemerkbar macht, ist von Frau zu Frau verschieden. Eine Verkürzung der Temperaturhochlage tritt oft als erstes Zeichen der Wechseljahre auf. Es ist möglich, daß das Zeichen S zeitweilig auftritt und dann wieder verschwindet; die Temperatur steigt nur zögernd an oder verbleibt überhaupt auf der niederen Lage. Bei solch schwierigen Temperaturverläufen ist die Selbstbeobachtung von großem Wert. Wenn eine Frau gelernt hat, das »Gefühl der trockenen Tage« eigens zu empfinden, dann kann sie diese »trockenen Tage« bis zum Auftreten des ersten Zeichens S in den Wechseljahren als unfruchtbar ansehen.

7. Februar — Frau R.

Ich bin 43 Jahre alt und soll nach ärztlichem Rat keine Kinder mehr bekommen.

Ich bin mit Ihrer Methode einverstanden, wir wählen aber nur die absolut sicheren Tage nach dem Eisprung. Nun verläuft meine Periode sehr unregelmäßig.

Medikamente zur Normalisierung möchte ich aber nicht nehmen. Leider beträgt die Zeit der Temperaturhochlage nur wenige Tage, so daß es nicht immer zu einem ehelichen Verkehr kommt.

Es scheint, daß sich durch den Beginn der Wechseljahre der Eisprung immer mehr verschiebt. Den Mittelschmerz kann ich nur selten feststellen, ebenso diesen speziellen Ausfluß. So bin ich ganz auf die Temperaturkurve angewiesen. Da ich oft nur wenige Tage für den ehelichen Verkehr zur Verfügung habe, möchte ich diese ganz nutzen. Der Anstieg der Temperatur ist aber nicht immer klar zu erkennen, und so bin ich oft in Sorge, was ich tun soll.

13. März — Dr. Rötzer

Da in der Zeit der Wechseljahre die Auslegung der Aufwachtemperatur Schwierigkeiten machen kann, sollte man gerade in dieser Zeit eine verfeinerte Beobachtung des Zeichens S, d. h. des Zervixschleimes, versuchen. Ich lege Ihnen zwei Merkblätter bei (siehe Anhang a und b), die Sie über die wesentlichen Punkte in dieser Hinsicht informieren.

Da die verfeinerte Beobachtung des Zervixschleimes einen Lernprozeß darstellt, der einige Monate dauern kann, bin ich gerne bereit, Ihre Aufzeichnungen durchzusehen und sie dann mit meinen Bemerkungen wieder an Sie zurückzusenden. Vor allem wäre es gut, wenn Sie mir auch alle Ihre bisherigen Aufzeichnungen zusenden könnten.

Interessanterweise gelten für die Zeit der Wechseljahre dieselben Anwendungsregeln wie für die Zeit nach einer Entbindung. Darum lege ich auch dieses Merkblatt bei (siehe Anhang f). Ein Unterschied in den Aufzeichnungen besteht aber darin, daß das Zeichen S in den Wechseljahren eher seltener und auch sporadisch auftritt; dazwischen sind manchmal Blutungen, oft ohne vorausgegangene Temperaturhochlage, oder aber auch die Temperaturhochlage ist nur kurz ausgeprägt.

Ich möchte Sie besonders darauf hinweisen, daß im Ausland mit der alleinigen Selbstbeobachtung des Zervixschleimes ein guter Weg zur Bewältigung der Wechseljahre gefunden worden ist. Ich erhalte immer wieder Briefe von gläubigen Frauen, die nach Erlernen der verfeinerten Selbstbeobachtung dankbar annehmen, wie gut sie nunmehr ihren Körper verstehen können, der vom Schöpfer in so wundervoller Art und Weise gebildet worden ist.

Die Wechseljahre sind kein Verlust

Mit dem allmählichen Abstieg der Fruchtbarkeit einer Frau in den Wechseljahren (der Mann bleibt weiter fruchtbar bis in sein hohes Alter hinein) hat sie Zeit, in eine neue Lebensphase einzutreten. Das Auf und Ab, bedingt durch den Zyklus, ebnet sich. So kann die Frau nach dem Klimakterium auf ganz andere Weise »auf sich selbst zählen«.

Dies soll ein Abschnitt aus einem Brief einer 58jährigen Frau ausdrücken:

»Vom Klimakterium bekam ich nur die positiven Seiten mit, nämlich, daß die Monatsregel aufhörte. Ich fühlte mich von da an erst richtig leistungsfähig und ich habe meine vielfältigen Aufgaben in Familie, Kirche und im Roten Kreuz bis heute, mit Freude erfüllt, wahrgenommen. Treffe ich Freunde von früher, höre ich meist als erstes: Du wirst überhaupt nicht älter . . .«

Gebärmutterentfernung

Für manche Frauen, denen aus Gesundheitsgründen die Gebärmutter oder die Brust entfernt werden mußte, stellt dies ein unbewältigtes Ereignis dar. Sie leiden unter dem Gedanken, daß sie etwas von ihrer Weiblichkeit verloren hätten und keine vollwertigen Frauen mehr seien. Die Gebärmutterentfernung als prophylaktische Maßnahme kann aber für ihr weiteres Leben von großer Bedeutung sein, da der so oft auftretende Krebs der weiblichen Fortpflanzungsorgane sie nicht mehr bedroht. Andererseits ist ehelicher Verkehr mit all seinem Erleben weiterhin uneingeschränkt möglich.

In dem Gleichnis vom Weinstock (Joh. 15) spricht Jesus eine Wahrheit aus, die solche Frauen trösten darf: Manchmal dient ein von Gott geführtes Schneiden dazu, daß noch mehr Frucht entsteht. Die Unfruchtbare wird auf ganz andere Weise fruchtbar.

»Gerade jetzt ist es am schönsten!«

Auf einer Vätertagung sollte ich über die Frau reden. Ich habe dann ganz offen über die ehelichen Beziehungen gesprochen.

Beim Essen nachher war ich Zeuge von folgendem Gespräch:

Ein junger Mann, Anfang 30, sagte zu seinem Tischnachbarn, einem älteren Herrn um 65: »Na, wenn man 40 ist, wird das wohl ganz aufhören, daß Mann und Frau zusammenkommen.«

Der ältere Herr erwiderte ganz erstaunt: »Das meinst Du! Gerade jetzt ist es bei uns am schönsten!«

8. Kapitel

Sterilisation?

Ein Brief

»... eine Cousine von mir, der ich auch Ihr Buch empfohlen hatte, bekam inzwischen ihr fünftes Kind. Allerdings hatte sie sich mehr auf den Mittelschmerz verlassen und die Temperaturmessungen nicht so genau genommen. Das gab sie zu. Sie sagt, daß dies ihr eigener Fehler war. Nun rät sie mir dazu, so wie sie es bei sich machen ließ, gleich nach der Geburt die Eileiter unterbinden zu lassen. Dann könne nichts mehr schief gehen.

Mein Mann meint auch, daß dies wohl die beste Lösung wäre. Alles andere käme nicht mehr in Frage.

Ich persönlich kann mich jedoch mit diesem Gedanken nicht recht anfreunden. Mich schreckt die Endgültigkeit eines solchen Schrittes zurück, und ich habe auch Zweifel daran, ob dies Gottes Wille ist. Was sollen wir tun? Im nächsten Vierteljahr muß ich mich entscheiden. Dann kommt unser drittes Kind zur Welt.«

In diesem Briefausschnitt spiegelt sich die Situation vieler mit ihren widerstreitenden Argumenten und Gefühlen wider: Der Trägheit und Oberflächlichkeit beim Umgang mit der Fruchtbarkeit (»... nicht so genau genommen«) scheint sich eine Lösung anzubieten, bei der man träge und oberflächlich bleiben kann — und trotzdem nichts riskiert. Das scheint in der Tat verlockend.

Der Mann ist natürlich auch gleich dafür. Er neigt ohnedies zur Problemlosigkeit und ist deshalb gern — einfach, klar und männlich — das Problem los, zumal wenn es nicht seinen eigenen Körper betrifft und er nicht auf den Operationstisch muß.

In der Frau hingegen meldet sich eine warnende Stimme. Sie hat Bedenken und Zweifel. Eine Gewissensnot kündigt sich an. Unwillkürlich meldet sich bei ihr, die wohl allem Schöpfungsmäßigen näher steht als der Mann, ein Gefühl, daß hier etwas nicht stimmt. Ihr mütterlicher Instinkt sagt ihr, daß hier unter dem Vorwand, »daß nichts mehr schiefgeht« etwas viel Tieferes schiefgeht — und dann ihr Leben lang schief bleibt.

Viele Frauen überhören oder betäuben diese warnende Stimme. Sie folgen ihren Freundinnen, ihrem Mann oder ihrem Verstand, anstatt ihrem Instinkt zu gehorchen. Es ist ja doch eine Erfahrung, daß sich nach dem Eingriff diese Stimme wieder neu meldet, und zwar in zunehmend stärkerem Maße. Es ist ein Weg ohne Wiederkehr. So kann es geschehen, daß die sterilisierte Frau — manchmal erst Jahre nach der Operation — in eine tiefe Gewissensnot gerät und in Trauer und Schwermut verfällt, aus der ihr auch die besten rationalen Argumente nicht heraushelfen.

Der Mann steht dann hilflos, wenn auch körperlich intakt, neben seiner schwermütigen Frau und merkt zu spät, daß er sich statt einer endgültigen Lösung ein endgültiges Problem eingehandelt hat, für dessen Lösung es nun aber kein technisches Patentrezept gibt. Das Problem wird ihm bleiben. Was geschehen ist, kann nicht ungeschehen gemacht werden. Was schief gegangen ist, bleibt schief stehen.

Deshalb möchte ich in diesem Kapitel ausdrücklich vor einer unbedachten, unverantwortbaren Sterilisation warnen.

Menschlicher Umgang mit der Fruchtbarkeit

Als Geschöpfe Gottes sind wir zu einem verantwortlichen Umgang mit unserer Fruchtbarkeit aufgerufen. Im Unterschied zu allen anderen Geschöpfen hat uns Gott als Menschen zu einem ihm antwortenden Gegenüber erschaffen (1. Mose 1, 26.27). Deshalb tragen wir eine Verantwortung, auch gegenüber der Natur. Es ist folglich nicht menschenwürdig, sondern ein Ungehorsam vor Gott, wenn wir uns von den Naturgesetzen einfach treiben lassen und »es kommen lassen, wie es kommt«. Verantwortlicher Umgang mit der Fruchtbarkeit überläßt die Entstehung menschlichen Lebens nicht dem Zufall*.

---

* Vgl. hierzu: Helmut Thielicke, *Ethik der Geschlechtlichkeit*, Tübingen, 1966 S. 225 ff.

Der Sonderfall der Sterilisation

Die verschiedenen Wege, diese Verantwortung wahrzunehmen, habe ich in meinem Buch »*Mit Freuden Frau sein*« (S. 61 ff.) besprochen.

Unter diesen Wegen stellt aber die Sterilisation einen Sonderfall dar, weil durch sie nicht nur eine Körperfunktion zeitweise eingeschränkt oder außer Kraft gesetzt wird, sondern weil der Körper selbst verstümmelt wird. Da sie einen Eingriff darstellt, der unwiderruflich ist, wiegt die Entscheidung für diesen Weg schwerer, und die Frage nach dem Beweggrund stellt sich ungleich dringlicher als bei allen anderen Methoden der Empfängnisvermeidung.

Notsterilisation — Verantwortbare Verstümmelung

Nun kann zunächst kein Zweifel bestehen, daß es solche Beweggründe gibt. Es gibt eine Not, die einen Verzicht auf Fruchtbarkeit geboten erscheinen läßt. An dieser Tatsache wird erkennbar, daß wir nicht mehr in der heilen Welt des Urstandes leben, sondern daß durch Gottes gute Schöpfung ein Riß geht, der sich auf alle Lebensbereiche auswirkt. Auch unsere Fruchtbarkeit ist davon nicht ausgenommen, und darum wird uns — das sei ganz offen ausgesprochen— Gottes gute Gabe der Fortpflanzungsfähigkeit oft zur Last und Not.

Es gibt Not in Form von gewichtigen medizinischen Gründen, die keinen anderen Weg offen läßt, als das schöpfungsmäßige Zusammengefügtsein von Ehe und Kinderzeugung zu trennen. Dies werden aber einzelne, seltene Sonderfälle sein, die ja nach der Situation mit einem verantwortungsbewußten Arzt persönlich besprochen werden sollten. Wenn Leben in Gefahr gerät, dann ist eine Notlage gegeben, die dazu zwingt, um des Lebens willen Leben zu verstümmeln.

Gefälligkeitssterilisation — Unverantwortbare Kurzsichtigkeit

Heute jedoch macht man aus der Not eine Untugend. Die Sterilisation in Form der Tubenunterbindung bei der Frau hat sich geradezu zu einem Modetrend entwickelt.

Eine Freundin berichtet von einem Erlebnis, das sie nach der Geburt ihres fünften Kindes im Krankenhaus hatte:

»Als der Arzt gegangen war und die Hebamme mich versorgte, fragte sie so nebenbei: ›. . . oder sollte noch ein kleiner Eingriff gemacht werden?‹

Mein Mann und ich waren zunächst verdutzt. Aber bald wurde uns klar, daß die Hebamme eine Tubenligatur meinte, die unmittelbar nach der Geburt einfacher zu machen ist. Es bedurfte nur eines Blickes zwischen meinem Mann und mir, um das Angebot abzulehnen.

›Ja, dann ist's ja gut‹, meinte die Hebamme fürsorglich. ›Ich hatte nur nichts versäumen wollen.‹

Was meinen Mann und mich an diesem Erlebnis so betroffen machte, war die Belanglosigkeit und Selbstverständlichkeit, mit der dieses Angebot gemacht wurde — und das sicher nicht immer erst nach einer fünften Geburt!«

Hier wird nicht mehr aus Not gehandelt, sondern aus Gefälligkeit. Sie kommt der Bequemlichkeit des betreffenden Ehepaares entgegen, das andere, harmlose Maßnahmen der Empfängnisvermeidung, die aber etwas mehr Mühe kosten, nicht auf sich nehmen will.

»Dann kann nichts mehr passieren . . .«?

Mit aller Klarheit sei es gesagt: Eine solche Gefälligkeitssterilisation aus Bequemlichkeit ist Ungehorsam dem Schöpfer gegenüber. Ein so motiviertes Auseinanderreißen von Ehe und Fruchtbarkeit bleibt nicht ungestraft. Der oft so leichtfertig gegebene Rat: »Lassen Sie sich doch einfach sterilisieren, dann kann nichts mehr passieren«, stimmt nämlich nicht. Es kann sehr wohl etwas »passieren«:

Was alles passieren kann:

1. Das erste, was passieren kann, ist, daß trotzdem eine Schwangerschaft eintritt. Auch die Tubenunterbindung bietet keine absolute Sicherheit. Eine von hundert Frauen wird trotzdem schwanger — so eng und so schwer zu durchbrechen ist der schöpfungs-

mäßige Zusammenhang von sexueller Vereinigung und Entstehung von Leben. Auch hier gilt der Satz Jesu: »Was Gott zusammengefügt hat, soll der Mensch nicht scheiden.«

2. Fünf von hundert Frauen müssen mit postoperativen Komplikationen rechnen, die lange dauernde Nachbehandlungen erforderlich machen. Eine von tausend Frauen muß mit tödlichem Ausgang der Operation rechnen.

Ist dieser Prozentsatz auch niedrig, so sind diese Tatsachen doch nicht einfach zu übergehen. Sie sind ein stiller Hinweis darauf, daß das kostbare, anvertraute Gut der Fortpflanzungsfähigkeit nicht leichtfertig und kurzsichtig abgewiesen werden darf.

3. Für die Kurzsichtigkeit, von der die Entscheidung zur Sterilisation oft getragen wird, wird ein hoher Preis bezahlt: Der Preis der Angst und der Trauer.

Vielen, besonders jungen Ehepaaren unter dreißig, fehlt oft der Weitblick, die Fähigkeit, im voraus Abläufe zu überschauen. Sie machen sich nicht völlig klar, was es bedeutet, daß sie sich den Wunsch nach einem Kind nie wieder erfüllen können.

Universitätsprofessor Dr. med. Günther Reiffenstuhl schreibt[*]:

»Die Weichen für das weitere Leben der Frau sind gestellt, sobald die Tuben unterbunden sind. Der Tod des Ehemannes im Straßenverkehr bzw. an der Arbeitsstätte oder das Scheitern einer Ehe mit neuer Eheschließung können einen Kinderwunsch bei Frauen hervorrufen, die früher felsenfest davon überzeugt waren, niemals wieder schwanger werden zu wollen. Der Tod eines Kindes — das furchtbarste, was einer Frau widerfahren kann — wird erfahrungsgemäß erst dann von der Mutter einigermaßen überwunden, sobald ein neues Kind von ihr geboren wurde. So gesehen, stellt die Tubenunterbindung ein Damoklesschwert dar, das stets über der Mutter schwebt. Es darf nach diesem Eingriff keinem ihrer Kinder mehr etwas passieren (vergessen wir nicht, daß in einer mittelgroßen Stadt von 300 000 Einwohnern auf dem Schulweg pro Jahr 20 Kinder sterben!). Es ist für den Frauenarzt ein erschütterndes Erlebnis, wenn er von einer tubenunterbundenen Frau angefleht wird, ihr doch noch zu der Möglichkeit einer neuen Empfängnis zu verhelfen — meist, wenn mit einem neuen Ehepartner der Wunsch nach wenigstens einem gemeinsamen Kind besteht — und er nicht helfen kann.

---

[*] Salzburger Nachrichten 13. Nov. 1976

Typisch ist, daß in solchen Fällen der Arzt nicht aufgesucht wird, der die Sterilisation vorgenommen hat!«

Gerade für die Scheinberuhigung, daß nun »nichts mehr passieren kann«, wird also eine ständige Angst eingehandelt, daß einem der Kinder etwas passieren könnte.

Zur Angst gesellt sich jedoch oftmals die Trauer über das unwiderbringlich Verlorene. Viele Frauen werden nach dem Eingriff — manchmal erst Jahre später — von schweren Depressionen befallen. Eine Depression ist immer mit einem Verlustgefühl verbunden. Auch wenn sie sich das nicht eingestehen wollen, fühlen sie sich doch im Unterbewußten nicht mehr als ein ganzer, heiler Mensch. Eher kommen sie sich vor wie ein abgehackter, verstümmelter Baum. Sie folgen daher einer gesunden Vorahnung, wenn sich in ihnen instinktiv etwas gegen diese Operation wehrt.

Ich zitiere noch einmal Dr. Reiffenstuhl:

»Es wurden Frauen, die sich für eine Empfängnisverhütung interessierten, befragt, wie sie denn überhaupt zur Tubenunterbindung als endgültiger Methode stehen. Es waren ganze 5 Prozent, die von sich aus den Wunsch danach äußerten. Wenn also in einer mittelgroßen Stadt hohe Zahlen von Tubenunterbindungen vorgenommen werden, muß angenommen werden, daß hier ›ärztliche‹ Indikation eine sehr weitgehende Rolle spielt.

Die Tubenunterbindung gehört hinsichtlich der Empfängnisverhütung erst an die letzte Stelle unserer therapeutischen Maßnahmen! Es ist eine Fehlinformation der Patientin, wenn man ihr sagt, die Tubenunterbindung sei eine 100prozentige Methode, und alles andere wäre sozusagen zweit- oder drittrangig. Ich möchte niemandem wünschen, einmal eine in jungen Jahren tubenunterbundene Frau zu erleben, die später doch wieder ein Kind haben möchte. Diese tragische Situation gibt es gar nicht so selten, nur spricht man darüber in der Öffentlichkeit wenig. Eine Frau, die in eine Unfruchtbarmachung durch Tubenunterbindung einwilligt, muß darüber ins Bild gesetzt werden, daß sie sich einer Operation unterwirft, deren Wirkungen in der Regel nicht wieder beseitigt werden können. Selbst unter dem Eindruck der sexuellen Revolution, welche die Gegenwart erlebt, erscheint die Fortpflanzungsfähigkeit des Menschen gewiß nicht als ein Körpermakel, dessen sich der fortschrittlich Gesinnte ehestens entledigt. Sie ist vielmehr ein kostbares Gut, das niemand unbesonnen aufgeben soll!«

Wenn schon, warum nicht der Mann?

Die Samenstrangdurchtrennung beim Mann ist eine viel einfachere Operation als der schwere Eingriff bei der Frau. Beim Mann muß die Bauchhöhle nicht geöffnet werden. Es sind viel weniger Komplikationen zu erwarten. Sogar die Möglichkeit einer Rückgängigmachung ist relativ größer, wenn auch gering. Deshalb sollte man annehmen, daß sich die Mehrzahl der Ehepaare dafür entscheidet, daß der Mann die Operation an sich vornehmen läßt.

Interessanterweise ist das Gegenteil der Fall. Der Widerstand der Männer aus psychologischen Gründen ist noch größer als bei der Frau. Auch im Mann wehrt sich instinktiv etwas. Sein Selbstwertgefühl, das oft ohnehin niedriger ist als das der Frau, kann einen tödlichen Stoß erleiden, wenn er einmal weiß, daß er nicht mehr zeugungsfähig ist. Er fühlt sich dann nicht mehr voll als »Mann« — und das kann sich auch negativ auf seine Fähigkeit zur sexuellen Vereinigung auswirken, wodurch sein Selbstwertgefühl abermals einen Stoß erhält.

In der Erinnerung ist mir noch jener dreißigjährige Mann, der bei einem unserer Eheseminare nach der Vorführung eines Filmes über die Geburt in Tränen ausbrach. Um seine Ehe zu retten, hatte er sich sterilisieren lassen. Die Ehe war aber trotzdem zerbrochen. Nun war er aufs Neue verlobt. Beim Anschauen des Filmes hatte ihn plötzlich der Gedanke überwältigt: Ich werde meiner künftigen Frau dieses beglückende Erlebnis, Mutter zu werden, nie mehr schenken können! Nie mehr kann Gott durch mich Leben entstehen lassen!

Heilsame Last

Oftmals ist etwas, was sich unserem Verstand an der Oberfläche als nützlich anbietet, im tiefsten Grund nicht heilsam. Deshalb darf wohl das Wort des Apostels Paulus, das er an die Gemeinde in Korinth schrieb, auch für das Problem der Sterilisation Geltung haben. »Alles ist mir erlaubt, aber nicht alles ist heilsam« (1. Kor. 6, 12). Und es ist interessant, daß er ein paar Verse weiter fortfährt: »Oder wißt ihr nicht, daß euer Leib ein Tempel des in euch wohnenden heiligen Geistes ist, den ihr von Gott empfangen habt, und daß ihr somit nicht euch selbst gehört? Denn ihr seid teuer erkauft worden. Macht also Gott Ehre mit eurem Leibe« (1. Kor. 6, 19.20 nach Menge).

Im Lichte dieser Bibelstelle darf es ausgesprochen werden: Wer sich ohne Not nur aus Bequemlichkeit oder Nützlichkeitserwägungen heraus sterilisieren läßt, macht Gott ganz bestimmt keine Ehre mit seinem Leibe. Was vordergründig als Klugheit erscheint, erweist sich vor Gott als Dummheit und Blindheit. Gewinn wird zu Verlust, und was Heilung versprach in einer ehelichen Beziehung, entpuppt sich als etwas zutiefst Unheilsames. So bewahrheitet sich das Wort Jesu gerade an der Sterilisation: »Wer sein Leben zu erhalten sucht, der wird es verlieren, und wer es verliert, dem wird es erhalten bleiben« (Luk. 17, 33, Menge).

Freiwillige Verstümmelung gibt es im Neuen Testament nur um des ewigen Lebens willen: »Wenn nun deine Hand oder dein Fuß dich ärgert, so haue sie ab und wirf sie von dir! Es ist besser für dich, verstümmelt oder lahm ins Leben einzugehen, als daß du beide Hände oder beide Füße hast und in das ewige Feuer geworfen wirst« (Matth. 18, 8, Menge).

Nicht aber steht da: Wenn dich deine Fruchtbarkeit ärgert, unterbinde sie!

Dabei soll nicht in Abrede gestellt werden, daß sie uns in bestimmten Lebenslagen »ärgern« kann. Sie stellt oft in der Tat eine Last dar. Das hängt, wie oben bereits erwähnt, mit dem Riß zusammen, der durch die Schöpfung geht, mit der Gebrochenheit, an der unsere gesamte menschliche Existenz leidet.

Die Technik kann diesen Riß nicht heilen. Es gibt kein Hebelgesetz, aufgrund dessen es möglich wäre, die Welt aus ihrem Gefallensein herauszuheben. Wir können uns nicht durch eine technische Manipulation der Last der Fruchtbarkeit entledigen. Im Gegenteil: Wenn wir sie in den Griff bekommen wollen und sie in den Bereich menschlicher Machbarkeit ziehen, vergrößern wir höchstens ihre Last, wie Angst und Trauer, Krankheit und sogar Tod als Folge der Sterilisation bezeugen.

Den Riß, der durch die Schöpfung geht, kann nur einer heilen: Es ist der, von dem der Apostel sagt, daß er uns »teuer erkauft hat«: Jesus Christus. Er nimmt uns die Last nicht einfach ab, aber er trägt uns mit unserer Last, ihm gehören wir samt unserer Last. Wenn wir das wissen, geben wir den Versuch auf, dem Gehen unter der Last durch einen medizinischen Eingriff zu entgehen, und lernen statt dessen, mit der Last umzugehen, einander mit der Last zu tragen: »Einer trage des anderen Last, so werdet ihr das Gesetz Christi erfüllen« (Gal. 6, 2).

Dadurch wandelt sich die Last, sie wird heilsam, weil sie uns auf Christus wirft, uns ins Getragenwerden zwingt.

Wir werden erlöst aus dem Denken in den Kategorien der Zweckmäßigkeit und Nützlichkeit. Nun kann das Heilsame Raum gewinnen in unserem Leben — gerade durch die Last der Fruchtbarkeit. Wir beginnen, Gott an unserem Leibe zu preisen. Wie oft haben Eltern es schon bezeugt: Gerade ihr ungeplantes, unerwartetes Kind wurde ihnen zur unerwarteten Freude, zu einer tiefen Erfahrung der Heilsamkeit. Ja, manchmal hat man den Eindruck, daß gerade von den als Last empfangenen, unerwarteten Kindern etwas Heilendes ausgeht auf die gesamte Schöpfung, daß durch sie in tieferem Sinne Leben entstehen darf, Gott durch sie Leben entstehen läßt.

Vergessen wir es nicht: Als Gott Mensch wurde, kam er als unerwartet empfangenes Kind zur Welt.

Dr. Rötzers Anleitungen zur Selbstbeobachtung

Erste Anleitung zur Selbstbeobachtung der fruchtbaren Tage

Wann ist Empfängnis möglich?

Eine Empfängnis kann nur an wenigen Tagen des Regelmonats (Zyklus) eintreten; die Mehrzahl der Zyklustage ist unfruchtbar. Der enge Kanal, der durch den Halsteil der Gebärmutter führt, ist an den meisten Tagen durch einen Schleimpfropf verschlossen, der ein Aufwandern der Samenzellen unmöglich macht. Damit eine Empfängnis eintreten kann, müssen folgende Veränderungen im Halskanal vor sich gehen:

- Der enge Kanal im Halsteil der Gebärmutter wird weiter.
- In diesem erweiterten Halskanal der Gebärmutter wird ein dünnflüssiger Schleim vermehrt abgesondert, welcher den Samenzellen das Aufwandern ermöglicht.
- Ohne Vorhandensein dieses dünnflüssigen Schleimes sterben die Samenzellen in wenigen Stunden in der Scheide ab.
- Dieser vermehrt produzierte dünnflüssige Schleim fließt durch die Scheide nach außen ab. Er wird am Scheideneingang als eine vermehrte Absonderung bemerkbar, die sich von einem krankhaften Ausfluß unterscheidet (nach einiger Zeit der Erfahrung lernt die betreffende Frau diese wichtige Unterscheidung).

Die vermehrte Schleimabsonderung der fruchtbaren Tage beginnt für gewöhnlich einige Tage vor dem Eisprung. Auf diese Weise kann sich der bevorstehende Eisprung rechtzeitig bemerkbar machen. Es kann dies unmittelbar nach der Regelblutung sein, es kann dies einige Tage nach dem Ende der Regelblutung sein oder auch erst viel später. Deshalb ist diese persönliche *Selbstbeobachtung* sofort nach der Regelblutung *wichtiger als die Temperaturmessung!*

Die Selbstbeobachtung läßt im Verlaufe der Zeit immer mehr Unterscheidungen zu, da ein Lernvorgang vor sich geht. Dazu ist keine krampfhafte Selbstbeobachtung notwendig, sondern man soll in Geduld zuwarten, bis sich bestimmte Unterscheidungen von selbst bemerkbar machen (wird später erklärt). Den zu beobachtenden Schleimabgang aus der Scheide bezeichnen wir mit dem Zeichen S (S bedeutet Schleim). Das Zeichen S zeigt die fruchtbaren Tage unmittelbar an.

Wie ist der Beginn des Zyklus zu bewerten?

Vom 1. Tag einer *echten* Regelblutung *bis einschließlich 6. Tag* besteht eine unfruchtbare Zeit. Eine *echte* Regelblutung erkennt man daran, daß vor Eintreten der Blutung sich eine normal lange Temperaturhochlage findet. Im Gegensatz dazu kann es vorkommen, daß in einem Regelmonat der Temperaturanstieg ausbleibt (was bedeuten kann, daß kein Eisprung erfolgt ist) und daß dann trotz fehlendem Temperaturanstieg eine Blutung eintritt. Eine derartige Blutung ist keine echte Regelblutung; innerhalb einer derartigen Blutung und im Anschluß daran darf *keine* unfruchtbare Zeit angenommen werden. Es ist nämlich möglich, daß im Zusammenhang mit einer derartigen Blutung oder knapp danach ein Eisprung erfolgt.

Bei Vorliegen einer *echten* Regelblutung und bei guter Beobachtung des Zeichens S kann es möglich werden, zu Beginn des Zyklus noch weitere unfruchtbare Tage zu bestimmen. Hierüber müssen Sie sich aber noch eigens beraten lassen.

Wie soll man die Selbstbeobachtung durchführen?

- Manche Frauen verspüren an einem oder an einigen Tagen ein vermehrtes Feuchtwerden am Scheideneingang oder eine deutlich vermehrte feuchte Absonderung oder sogar den vermehrten Abgang von Schleim.
- Jede Frau sucht ohnehin mehrmals täglich die Toilette auf. Wenn man sich bei dieser Gelegenheit sofort — also noch vor dem Ablassen des Harns — mit Toilettenpapier abtupft, merkt man bereits beim Darüberwischen, ob der Scheideneingang *trocken* ist,

ob er nur *feucht* ist oder ob das Toilettenpapier infolge der *glatten Nässe* leicht darüberrutscht.

Bei der abschließenden Reinigung könnte diese Erscheinung nicht mehr vorhanden sein, da der abgegebene Harn den Schleim weggespült haben und eine andere Feuchtigkeit verursacht haben könnte.

- Wenn man das Toilettenpapier ansieht, kann man den am Papier haftenden Schleim erkennen. Die ganze Beobachtung dauert nur wenige Sekunden!

- Indem man das Papier durch Anfassen auf der reinen Seite zusammenlegt und wieder auseinanderfaltet, kann man prüfen, ob der schleimige Abgang *ausziehbar, elastisch, dehnbar* ist.

Das ist ein wichtiges Unterscheidungsmerkmal besonders für jene Frauen, die über einen ständigen Ausfluß klagen. Der ständige, krankhafte Ausfluß hat aber ein anderes Aussehen, vor allem ist er nicht ausziehbar, nicht elastisch, nicht dehnbar. Auf diese Weise wird das Zeichen S auch innerhalb eines ständig vorhandenen Ausflusses erkennbar.

- Es liegt ein eindeutiges und typisches Zeichen S der fruchtbaren Zeit vor, wenn man einen *glasig-durchscheinenden Schleim* (»wie durchsichtiges Gelee«) von fadenziehender Eigenschaft (*ausziehbar*) feststellen kann,

meist verbunden mit einem glatten und weichen Gefühl am Scheideneingang (»weich, wie angeschwollen«). Diese rein empfindungsmäßige Wahrnehmung (also ohne hinzusehen) kann von vielen Frauen nach einiger Zeit erlernt werden; es kann diese empfindungsmäßige Wahrnehmung sogar vorhanden sein, ohne daß man den sich dadurch anzeigenden »Eiweiß-Schleim« oder »glasigen« Schleim sehen kann (siehe nächster Punkt).

- Dieses Zeichen S kann ähnlich aussehen wie das Eiweiß des rohen Eies (»Eiklar«, man kann auch von *»Eiweiß-Schleim«* sprechen). Manche Frauen sagen, daß für diese Art des S der Ausdruck *»glasig«* besser ist.

Sofort nach Aufhören der Regelblutung muß man täglich am Abend entscheiden,

1. ob der betreffende Tag als »trocken« empfunden wurde (hierüber erhalten Sie noch eine eigene Anleitung); dann wird der Buchstabe t auf der dicken Linie für 37 Grad in die Temperaturtabelle eingetragen,
2. ob man unsicher ist, ob der Tag »trocken« ist, andererseits aber noch kein Zeichen S vorhanden ist; dann soll auch dieses Fehlen an eindeutigen Zeichen eingetragen werden, und zwar entweder
   mit dem Zeichen ø (»Null« durchgestrichen)
   oder mit dem Zeichen — (»negativ«) auf der Linie für 37 Grad,
3. oder ob man den Buchstaben S auf der dicken Linie für 37 Grad eintragen soll, weil irgendeine vermehrte Absonderung vorhanden ist.

   Wenn ein S vorhanden ist, das als »Eiweiß-Schleim« oder als »glasig« zu bezeichnen ist, dann wird oberhalb des Buchstabens S ein Zusatz eingetragen, und zwar

   entweder EW für »Eiweiß«: $\frac{EW}{S}$ oder gl für »glasig«: $\frac{gl}{S}$

   je nachdem welche Beschreibung von der betreffenden Frau vorgezogen wird.

»Eiweiß-S« oder »glasiges S« geben das eigentliche »Fruchtbarkeits-S« an

Die meisten Frauen werden vor und nach dem »Fruchtbarkeits-S« eine andere Art des S beobachten können. Vor dem »Fruchtbarkeits-S« kann dadurch ein rechtzeitiger Hinweis gegeben sein, daß bald S-EW oder S-gl auftreten kann (auch hierüber erhalten Sie noch eigene Anleitungen).

Wichtiger Hinweis: Selbst wenn Sie meinen, alles gut beobachten zu können, dürfen Sie vorläufig jenseits des 6. Zyklustages keine unfruchtbaren Tage annehmen! Lassen Sie Ihre Beobachtungen zuerst unbedingt überprüfen, indem Sie z. B. Ihre Aufzeichnungen an mich einsenden.

Vorläufig können Sie versuchen, die Beobachtung eines jeden Tages mit eigenen Worten zu beschreiben, insbesondere die verschiedenen Erscheinungsformen des Zeichens S. Das wird Ihnen einen guten Überblick verschaffen, wie der Zyklus bei Ihnen abläuft. Die Beschreibung mit eigenen Worten ist nur für den Anfang gedacht. Später genügt das Eintragen von bestimmten Buchstaben, wie es bereits in dieser ersten Anleitung angegeben ist.

● Der »Eiweiß-Schleim« oder der »glasige Schleim« kann auch eine geringe oder stärkere Blutbeimengung haben (rosa, rot, rotbraun) oder einen *zart gelblichen* Farbton. Er kann ganz klar sein, glasig-durchscheinend oder auch weißlich-trüb *mit glasigen Fäden durchsetzt;* jedenfalls ist er aber deutlich fadenziehend, *ausziehbar, elastisch, dehnbar.*

● Wenn das Zeichen S einen *deutlich gelben* Farbton annimmt, wird es im allgemeinen mehr klumpig und mehr dicklich. Das kommt gar nicht so selten nach Aufhören des S-EW oder S-gl vor. Das kann dann anzeigen, daß die fruchtbare Zeit ihrem Ende zugeht. Diese Veränderung soll mit dem Kleinbuchstaben g über dem S bezeichnet werden: g
S

Ich möchte Ihnen vorschlagen, daß Sie mir Ihre Aufzeichnungen mit der Eintragung aller Ihrer Beobachtungen zusenden, sobald Sie zumindest einen vollständigen Zyklus beobachtet haben. Wenn es Ihnen möglich ist — es ist dies nicht unbedingt notwendig —, dann möchten Sie auch die eigene Beschreibung des S beilegen.

Ich kann Ihnen dann weitere Hinweise geben, vor allem kann ich Ihnen dann das nächste Merkblatt zusenden. Sie sollen auf diese Weise möglichst schnell alle verfügbaren Anleitungen und Informationen über die neuesten Erkenntnisse erhalten.

Weiterführendes Merkblatt zur Selbstbeobachtung der fruchtbaren Tage
(als Ergänzung zur bereits ausgegebenen »Ersten Anleitung«)

Der australische Arzt Dr. Billings und dessen Frau, die ebenfalls Ärztin ist, geben an, daß jede Frau nur mit Hilfe der Selbstbeobachtung des vermehrten schleimigen Abganges an den fruchtbaren Tagen ihre fruchtbaren und unfruchtbaren Tage unterscheiden könne. Besonders leicht sei dies den Frauen in Entwicklungsländern — auch den Analphabeten — möglich. Dr. Billings ist der Ansicht, daß die Messung der Aufwachtemperatur die Frauen verleite, zu wenig auf die eigenartige vermehrte Absonderung an den fruchtbaren Tagen zu achten. Ohne Ablenkung durch die Messung der Aufwachtemperatur würden die Empfindungen von Feuchtwerden am Scheideneingang und von dem nachfolgenden glasigen und ausziehbaren schleimigen Abgang besser wahrgenommen werden können.

Es müßte aber auch bei uns möglich sein, zugleich mit der Messung der Aufwachtemperatur — die bei uns unentbehrlich ist — die vermehrte Absonderung der fruchtbaren Tage beobachten zu können, wenn man weiß und wenn man eingesehen hat, wie wichtig diese Selbstbeobachtung ist.

Die Selbstbeobachtung wird anscheinend erleichtert, wenn in der Scheide nicht künstlich manipuliert wird (das heißt zum Beispiel: keine Scheidenspülung, möglichst kein Spray am Scheideneingang, keine reizende Seife usw.; ob Tampons zur Menstruationshygiene verwendet werden, soll auf der Tabelle angegeben werden).

● Bei besserer Wahrnehmung des vermehrten Abganges der fruchtbaren Tage könne man nach Ansicht von Dr. Billings zu Beginn des Zyklus so lange unfruchtbare Tage annehmen, bis sich der Beginn des vermehrten Schleimabganges (Zeichen S, S = Schleim) bemerkbar macht. Dr. Billings schreibt dazu:

»Ein Punkt von großer praktischer Bedeutung in der Unterweisung besteht darin, die Aufmerksamkeit der Frau auf die Abwesenheit von jeglicher Absonderung aus der Scheide nach Aufhören der

Regelblutung zu richten, und zwar so nachdrücklich, daß sie sich eines *Gefühls* der Trockenheit bewußt wird. Die Anzahl dieser »trockenen Tage« wird von der Länge des Zyklus abhängen; in kurzen Zyklen, welche ihre Ursache in einem vorzeitigen Eisprung haben, kann die Schleimabsonderung beginnen, bevor die Regelblutung beendet ist. Wenn die Frau die trockenen Tage auf der Tabelle vermerkt, wird sie das früheste Auftreten der Schleimabsonderung bemerken, sobald das *Gefühl* der Trockenheit nicht mehr vorhanden ist. Die große Bedeutung dieser Beobachtung liegt darin, daß sie einen frühzeitigen warnenden Hinweis auf den bevorstehenden Eisprung gibt.

In langen Zyklen wird man oft beobachten, daß die vermehrte schleimige Absonderung für einige Zeit an dem einen oder anderen Tag auftritt, bevor eine Reihe von Tagen mit der vermehrten schleimigen Absonderung vorhanden sind, welche dann ihren Höhepunkt im Eisprung haben. Bei genügender Erfahrung kann die Frau alle diese ›trockenen Tage‹ als verläßlich unfruchtbar ansehen; dies ist z. B. in der Zeit der Wechseljahre sehr vorteilhaft.«

- Wenn Sie »trockene Tage« eigens empfinden können, tragen Sie bitte an jedem dieser Tage den Buchstaben t ein.
- Ob Sie »trockene Tage« jenseits des 6. Zyklustages als unfruchtbar annehmen dürfen, muß in einem weiteren Schriftwechsel oder in einer Aussprache geklärt werden!

Zunächst sollen Sie die Unterscheidung von zwei wichtigen Erscheinungsformen des Zeichens S lernen:

- Das »Eiweiß-S« S^{EW} oder das »glasige S« S^{gl} zeigen die besonders fruchtbare Zeit an. Man könnte auch vom eigentlichen »Fruchtbarkeits-S« sprechen.
- Vor und nach diesem »Fruchtbarkeits-S« kann eine andere Art des S auftreten. Man kann auch an diesen Tagen schwanger werden. Selbst wenige Tage davor und danach ist das Eintreten einer Empfängnis möglich, so lange man nicht die verfeinerte Beobachtung gelernt hat bzw. so lange man nicht im Anschluß an das S höhere Temperaturmessungen festgestellt hat.

- Nach Feststehen der höheren Messungen kann eine Art S noch einmal auftreten, ebenso knapp vor der Regelblutung. Das ist ohne Bedeutung. Meist sieht dieses S anders aus als das S der fruchtbaren Tage; knapp vor der Regelblutung kann das S manchmal glasig sein, bedeutet aber keine fruchtbaren Tage.

Einige Anmerkungen zum Zeichen S, die in der Tabelle vermerkt werden sollen:

- Bloßes Gefühl des vermehrten Feuchtwerdens mit f über dem S.
- Weißliches (milchiges) Aussehen mit dem Buchstaben w über dem S.
- Deutlich gelber Farbton bei klumpiger Beschaffenheit mit g über dem S.
- Wenn es möglich ist, $\overset{EW}{S}$ oder $\overset{gl}{S}$ mit Hilfe des üblicherweise verwendeten Toilettenpapieres auf einige Zentimeter auseinanderzuziehen, ohne daß der Schleimfaden abreißt, dann möge die Länge des ausziehbaren Fadens ungefähr geschätzt und die geschätzte Zentimeterzahl oberhalb des S eingetragen werden.

Was ist der Höhepunkt und wie soll er gekennzeichnet werden?:

- Bei S mit EW oder bei glasigem S ist *der letzte Tag* mit einem derartigen Aussehen der *Höhepunkt* (es ist also nicht der Tag mit der größten Menge!).
- *Nach dem Höhepunkt* kann das Zeichen S in anderer Form weiterhin vorhanden sein. Falls noch einmal eine eiweißähnliche oder glasige Beschaffenheit auftritt, *ist der Höhepunkt erst jetzt anzunehmen;* er liegt auch hier am letzten Tag des eiweißähnlichen oder glasigen Aussehens.
- Wenn nur ein Tag mit »Eiweiß« oder »glasig« vorhanden ist, *dann ist dieser eine Tag zugleich der Höhepunkt.*

● Zur Kennzeichnung wird an dem betreffenden Tag des *Höhepunktes* oberhalb der Buchstaben S mit EW (bzw. gl) ein *deutlicher und dick gezeichneter Punkt* eingetragen. Im Beispiel der nachstehenden Abbildung liegt der Höhepunkt am 16. Tag. Erst *nach dem Höhepunkt* darf mit dem Umranden der 3 höheren Messungen begonnen werden, die höher sind als die 6 vorausgegangenen niedrigeren Messungen — falls sich höhere Messungen überhaupt zeigen. Der Abend der 3. höheren Messung liegt bereits in der sicher unfruchtbaren Zeit.

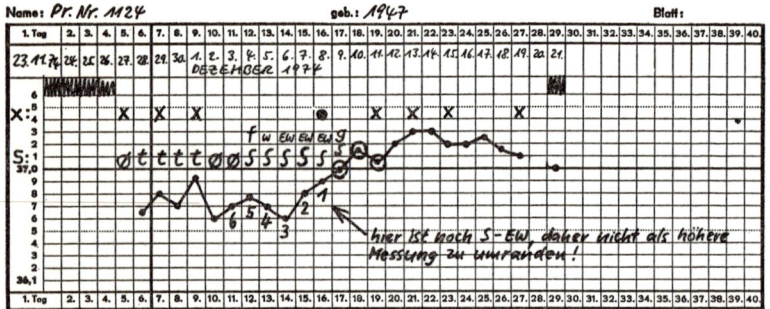

X = voller ehelicher Verkehr. Die dicke Linie zwischen 6. und 7. Tag bedeutet, daß zunächst nur bis einschließlich 6. Tag eine unfruchtbare Zeit angenommen werden darf.

Nach einiger Zeit der Erfahrung kann es möglich werden, Unterschiede im Zeichen S zu fühlen, ohne es anzusehen, zum Beispiel:

● S-EW bzw. S-gl wird als elastisch, glatt, weich und angenehm empfunden. Damit kann eine Empfindung verbunden sein, als ob am Scheideneingang eine Anschwellung vorhanden wäre und so zu einem »vollen« Gefühl führt.

● Ein weiches, »volles« Gefühl, eventuell verbunden mit einem Gefühl von mehr oder weniger Feuchtigkeit, kann selbst dann die besonders fruchtbare Zeit deutlich anzeigen, wenn eine Frau meint, keinen glasigen Schleim »sehen« zu können.

● Vor und nach S-EW bzw. S-gl kann sich ein unangenehm klebriges Gefühl bemerkbar machen bzw. kann nur das Gefühl einer vermehrten Feuchtigkeit bestehen.

Über die Bedeutung der »trockenen Tage«

Unmittelbar im Anschluß an die Regelblutung werden die meisten Frauen keinen besonderen Abgang aus der Scheide verspüren. Es wäre für jede Frau von besonderem Nutzen, wenn sie im Anschluß an die Regelblutung die sogenannten »trockenen Tage« eigens wahrnehmen könnte. Es ist dies ein eigenes Gefühl einer ausgesprochenen Trockenheit am Scheideneingang, das bisweilen sogar mit einer unangenehm juckenden Empfindung verbunden sein kann.

Es kann dann möglich werden, daß man das Ende der »trockenen Tage« ebenfalls empfindet, aber doch noch nicht sicher ist, ob man das Zeichen S eintragen soll, weil das Gefühl einer vermehrten Feuchtigkeit noch nicht richtig vorhanden ist. Man fühlt aber das Ende der »trockenen Tage« und weiß damit, daß sich jetzt »irgend etwas tut«. Das wäre sogar eine rechtzeitige Vorwarnung, daß das Zeichen S bald auftreten wird. Darin liegt die große Bedeutung der eigenen Empfindung der »trockenen Tage« und der Empfindung vom »Ende der trockenen Tage«. In meinem »Weiterführenden Merkblatt . . .« ist das Beispiel einer Aufzeichnung angeführt, aus welcher dieser Abstand vom Ende der trockenen Tage zum Beginn der ersten wahrnehmbaren feuchten Absonderung ersehen werden kann.

● Wenn eine Frau die trockenen Tage und deren Ende in der beschriebenen Weise wahrnehmen kann, dann sind derartige trockene Tage auch unfruchtbare Tage.

Wenn aber die trockenen Tage unvermittelt in einen »Eiweiß-Schleim« oder in einen »glasigen Schleim« übergehen, dann ist die Möglichkeit einer Empfängnis ein oder zwei Tage vor diesem sogenannten »Fruchtbarkeitsschleim« nicht ausgeschlossen, selbst wenn diese Tage von der betreffenden Frau als »trockene Tage« empfunden worden sind. Hier kann eine Selbstuntersuchung weiterhelfen: Wenn man einen Finger ein wenig in die Scheide einführt, kann man den »Fruchtbarkeitsschleim« in der Scheide entdecken, bevor er äußerlich wahrnehmbar wird.

Um »trockene Tage« im Anschluß an die Regelblutung als unfruchtbare Tage annehmen zu dürfen, sind noch folgende weitere Regeln zu beachten:

- Ehelicher Verkehr soll jeweils nur am Abend stattfinden.
- Ehelicher Verkehr soll nicht an aufeinanderfolgenden Tagen sein, da man durch das eventuelle Ausfließen von Samenflüssigkeit am Tag nach einem ehelichen Verkehr in der Feststellung der »trockenen Tage« gestört werden könnte; man könnte unsicher werden, ob nun ausfließende Samenflüssigkeit das Feuchtigkeitsgefühl verursacht oder ob sich bereits der Beginn des Zeichens S bemerkbar macht. Wenn ein Tag frei ist von ehelichem Verkehr, läßt sich am darauffolgenden Tag leichter feststellen, ob noch ein »trockener Tag« vorliegt oder ob bereits das »Ende der trockenen Tage« anzunehmen ist.

Bitte schreiben Sie mir kurz Ihre Meinung zu folgenden Punkten:

- Können Sie »trockene Tage« eigens empfinden?
- Können Sie die ausfließende Samenflüssigkeit vom Zeichen S unterscheiden?
- Erscheint Ihnen die oben beschriebene Selbstuntersuchung notwendig und/oder durchführbar?

Die Auswertung des Zeichens S in Verbindung mit der Messung der Aufwachtemperatur

● *Die wichtigste Regel:* Solange ein »glasiges S« oder ein »Eiweiß-S« (»Fruchtbarkeits-S«) vorhanden ist, dürfen keine »höheren« Messungen angenommen und dürfen somit auch keine »höheren« Messungen umrandet werden!

● In der Zeit nach der Regelblutung ist die *Beobachtung des Zeichens S wichtiger als die Messung der Aufwachtemperatur.*

● In der Zeit nach der Regelblutung bis zum eindeutig erfolgten Temperaturanstieg muß man *an jedem Abend* entscheiden,
  1. ob der betreffende Tag ein »trockener Tag« war; dann wird der Buchstabe t eingetragen,
  2. ob man unsicher ist, ob der Tag noch »trocken« war, andrerseits aber auch noch kein Zeichen S zu beobachten war; dann soll man auch dieses Fehlen an eindeutigen Zeichen eigens eintragen, und zwar entweder mit ø oder mit dem Zeichen für »negativ«: —,
  3. oder ob man irgendein Zeichen S eintragen soll, das heißt, man muß zumindest den Buchstaben S eintragen; sobald ein »glasiges S« oder ein »Eiweiß-S« auftritt, sind die ergänzenden Buchstaben oberhalb des S einzutragen (gl oder EW).

● Ob eine Frau nach dem sechsten Zyklustag weitere Tage als unfruchtbar annehmen darf, muß entweder in einem weiteren Briefwechsel oder durch eine eigene mündliche Beratung geklärt werden. *Es hängt von der Art und Weise des Auftretens des Zeichens S und vom Ablauf der vorausgegangenen Zyklen ab, ob eine Frau bis zum ersten Auftreten des Zeichens S unfruchtbare Tage annehmen darf.* Die praktische Ausnützung von unfruchtbaren Tagen nach der Regelblutung verlangt eine gute Kenntnis des weiblichen Zyklus und persönliche Erfahrung.

● Der letzte Tag mit dem »glasigen« oder »Eiweiß-S« (»Fruchtbarkeits-S«) ist der sogenannte *Höhepunkt* (als *Höhepunkt* ist *nicht* der Tag mit der größten Menge anzusehen!).

● *Nach dem Höhepunkt werden 3 Tage als möglicherweise frucht-bar angenommen.* An diesen 3 Tagen darf ein »Fruchtbarkeits-S« nicht noch einmal auftreten. Falls sich ein »glasiges« oder ein »Eiweiß-S« noch einmal zeigen sollte, dann ist erst hier der *Höhepunkt* anzunehmen. Wenn ein »glasiges« oder »Eiweiß-S« nur an einem Tag vorhanden ist, dann ist dieser eine Tag der *Höhepunkt.*

● Sobald auf diese Weise der Höhepunkt feststeht, *wird er mit einem dicken Punkt* ● oberhalb der eingetragenen Buchstaben *gekennzeichnet* (in dem Beispiel im »Weiterführenden Merkblatt« ist der *Höhepunkt* am 16. Zyklustag eingetragen).

● Erst *nach* dem *Höhepunkt* darf eine Auswertung von »höheren« Messungen erfolgen, indem man mit einem kleinen Kreis die *nach dem Höhepunkt feststellbaren 3 höheren Messungen hinterein-ander umrandet,* die höher sind als die unmittelbar vorausgegan-genen 6 niedrigeren Messungen. Sobald *nach* dem *Höhepunkt* die 3 höheren Messungen feststehen, *besteht ab dem Abend der 3. hö-heren Messung eine sicher unfruchtbare Zeit.*

Falls diese 3 höheren Messungen unmittelbar nach dem *Höhepunkt* liegen, kann der Beginn der unfruchtbaren Zeit *mit Si-cherheit* eher erkannt werden, als durch die Auswertung des *Höhepunktes* allein (siehe die nachfolgenden Anleitungen).

● Wenn kein deutlicher Anstieg der Temperatur festzustellen ist oder wenn keine Temperaturmessungen vorhanden sind, *müssen die 3 Tage nach dem Höhepunkt als fruchtbar angenommen wer-den.* Diese 3 Tage werden mit den Ziffern 1, 2 und 3 gekennzeich-net (in dem Beispiel im »Weiterführenden Merkblatt« sind diese Ziffern nicht eingetragen, weil unmittelbar im Anschluß an den *Höhepunkt* 3 höhere Messungen festzustellen waren).

● *Ab dem 4. Tag nach dem Höhepunkt kann eine unfruchtbare Zeit mit hoher Sicherheit angenommen werden* (»Höhepunkts-Re-gel«).

Es ist das eine Regel, die sich bei Frauen mit einer guten Selbst-beobachtung des Zeichens S insbesondere in der Zeit nach einer Entbindung und in den Wechseljahren sehr bewährt hat, da in diesen Lebensabschnitten oft kein Temperaturanstieg festzu-stellen ist.

Ein derartiges Vorgehen bedeutet außerdem eine große Hilfe in jenen Regelmonaten, in denen die 3 höheren Messungen hintereinander entweder aufgrund der anzuwendenden Regel nicht bestimmt werden können oder sich erst verspätet einstellen.

● In den normal fruchtbaren Lebensabschnitten soll diese unfruchtbare Zeit ab dem 4. Tag nach dem *Höhepunkt* nur dann angenommen werden, wenn die Aufwachtemperatur gleichzeitig zumindest die Neigung zeigt, anzusteigen. Im Zweifelsfalle sollte man besser auf die 3 höheren Messungen warten. Mit der 3. höheren Messung soll eine Temperaturhöhe erreicht werden, die zumindest um 0,2° Celsius (zwei Teilstriche des gewöhnlichen Fieberthermometers) höher liegt als die höchste der vorausgegangenen 6 niedrigeren Messungen.

Anleitung zur Selbstuntersuchung des Zeichens S

Die nachfolgende Anleitung möge zunächst nur als eine interessante Information angesehen werden. Inwieweit eine derartige Selbstuntersuchung zumutbar erscheint, wird der persönlichen Entscheidung überlassen. Für Frauen, die ein deutliches Zeichen S rein äußerlich beobachten können, kann sich eine derartige Selbstuntersuchung erübrigen. Frauen ohne äußerlich beobachtbares Zeichen S würden bei der Selbstuntersuchung auf jeden Fall ein Zeichen S finden können.

Eine weitere Möglichkeit, das Zeichen S festzustellen, besteht darin, daß die Frau eine Selbstuntersuchung macht. Es haben dies nicht nur einige Ärztinnen des Auslandes (Frankreich, England, Indien) angegeben, sondern die Erfahrungsberichte von Frauen aus mehreren Ländern zeigen auch, daß dies durchführbar ist.

Im Liegen oder im Hocken, oder wenn man ein Bein auf einen Stuhl stellt, kann man mit dem Zeigefinger (oder mit Zeige- und Mittelfinger) in die Scheide eingehen (die Fingernägel sollen kurz und sauber sein, die Hand gut gewaschen). Man erreicht dann mit der Kuppe des Zeigefingers den sogenannten äußeren Muttermund, den man als halbkugelige Vorwölbung tasten kann. In der Mitte dieser halbkugeligen Vorwölbung tastet man die kleine Öffnung des Halskanals als kleines Grübchen (der Halskanal führt in die Gebärmutter hinein). Bevor die fruchtbaren Tage kommen, fühlt sich diese halbkugelige Vorwölbung *fester* an, und die Öffnung ist *klein*.

In den fruchtbaren Tagen fühlt sich die Vorwölbung *weicher* an, und die Öffnung des Halskanals wird *weiter;* sie kann so weit werden, daß der untersuchende Finger in den Halskanal eindringen kann.

● In den englischsprechenden Ländern wird gerne der Vergleich gebracht, daß sich der äußere Muttermund in der unfruchtbaren Zeit so fest anfühlt wie die Nasenspitze, während er in der fruchtbaren Zeit weich ist wie die Lippen mit der tastbaren Mundöffnung.

In dieser fruchtbaren Zeit kann es auch passieren, daß der nunmehr *weiche* und *weite Muttermund* etwas nach oben verlagert ist, so daß er mit dem Finger schwerer erreichbar wird.

Beim Herausziehen des Fingers hat man jeweils den Zervixschleim am Finger und kann ihn so gut beurteilen. Diejenigen Frauen, die das alles bereits entdeckt und beschrieben haben, sind mit dieser Vorgangsweise sehr zufrieden.

Wenn eine Frau meint, daß das Eingehen mit dem Finger bis an den äußeren Muttermund unangenehm ist, könnte sie etwas anderes versuchen. Wenn man mit dem Zeige- und Mittelfinger einer Hand ganz leicht in die Scheide eingeht und nach dem Herausziehen der Finger diese spreizt, dann kann es möglich werden, daß sich zwischen den gespreizten Fingern der Zervixschleim zeigt. Man kann auch nur einen Finger ganz leicht in die Scheide einführen und dann nach dem Herausziehen den Zervixschleim an der Fingerkuppe feststellen.

Die Erfahrung hat weiterhin gezeigt, daß manche Frauen mit Hilfe der Selbstuntersuchung den Beginn der vermehrten Zervixschleimabsonderung etwas früher feststellen können als durch die Selbstbeobachtung allein. Das zeigt, daß manche Frauen nicht bis zum ersten äußerlich beobachtbaren Auftreten des Zeichens S unfruchtbare Tage annehmen dürfen.

● Als besonders wertvolles Frühzeichen des Beginns der fruchtbaren Tage hat sich das *Weicherwerden des äußeren Muttermundes* erwiesen; es kann dies früher zu beobachten sein als die erste vermehrte Zervixschleimabsonderung. Es kann aber mehrere Monate Erfahrung benötigen, bis man das Weicherwerden tasten lernt.

Anleitung für das Verhalten nach der Entbindung

● *Etwa 3 Wochen nach der Entbindung* soll mit der Selbstbeobachtung und mit dem Messen der Aufwachtemperatur wieder begonnen werden.

In der Zeit nach der Entbindung ist die Beobachtung des Zeichens S *wichtiger* als die Temperaturmessung!

Man darf mit der Selbstbeobachtung und mit dem Messen nicht warten, bis die erste Blutung eingetreten ist. Es ist möglich, daß ohne vorheriges Eintreten einer Blutung eine Empfängnis eintritt.

● *Gegen die Wiederaufnahme des ehelichen Verkehrs bestehen ab etwa 3 Wochen* nach einer normalen Entbindung keine medizinischen Bedenken.

● *Bis 6 Wochen nach der Entbindung* kann eine Schwangerschaft nicht eintreten. Bei vollem Stillen ist dieser Zeitraum länger.

Ob eine Empfängnis im Zeitraum von 6 bis 7 Wochen nach der Entbindung erfolgen kann, ist eher zu bezweifeln.

Auf jeden Fall kann man über die 6 Wochen nach der Entbindung hinaus weitere unfruchtbare Tage annehmen, solange nicht der typische »glasige« oder »Eiweiß-Schleim« (das ist das »Fruchtbarkeits-S«) oder seine Vorboten sich zeigen.

Nach jedem »glasigen« oder »Eiweiß-S« sollen weitere 3 Tage als fruchtbar angesehen werden (das ist die übliche Regel zur Auswertung des *Höhepunktes*). In den Monaten nach einer Entbindung darf auch ohne Temperaturanstieg ab dem 4. Tag nach dem *Höhepunkt* wieder eine unfruchtbare Zeit angenommen werden. Wenn aber das Zeichen S neuerlich auftritt, ist sofort wieder mit der Möglichkeit von fruchtbaren Tagen zu rechnen.

● In den ersten Wochen und Monaten nach der Entbindung kann das Zeichen S auftreten und wieder verschwinden, es kann auch zu Blutungen kommen, ohne daß dies im Zusammenhang mit einem Eisprung stehen muß. Nach dem Zeichen S muß es nicht unbedingt zu einem Temperaturanstieg kommen.

● *Sobald sich die 3 höheren Messungen hintereinander* in der bekannten Weise bestimmen lassen, liegt eine unfruchtbare Zeit vor.
Es ist aber auf folgendes zu achten:
In den Monaten nach der Entbindung muß auf jeden Fall weiterhin täglich die Temperatur gemessen werden. Falls die Temperatur wieder absinken sollte, muß man sofort wieder möglicherweise fruchtbare Tage annehmen.
Es kann vorkommen, daß die Temperaturhochlage kürzer als gewöhnlich ist oder schwächer ausgeprägt ist.

● Wenn einer eintretenden Blutung *keine Temperaturhochlage* vorausgegangen ist, dann dürfen während dieser Blutung *keine unfruchtbaren Tage* angenommen werden. Es könnte im Zusammenhang mit einer derartigen Blutung ein Eisprung erfolgen.
Bei jeder derartigen Blutung (ohne vorausgegangene Temperaturhochlage) ist der letzte Tag der Blutung wie der *Höhepunkt* zu werten: es sind die anschließenden 3 Tage als möglicherweise fruchtbar anzusehen.

● Wenn eine Frau voll stillt, dann besteht eine unfruchtbare Zeit bis zumindest 12 Wochen nach der Entbindung. Volles Stillen meint, daß überhaupt nicht beigefüttert wird, auch keine Flüssigkeit zusätzlich zur Brust gegeben wird.
Wenn man sich an die bekannten Regeln zur Auswertung des Zeichens S bei Fehlen des Temperaturanstieges hält, kann man auch in der Zeit nach 12 Wochen immer wieder unfruchtbare Tage bestimmen.
Im Zweifelsfalle möchten Sie sofort bei einer entsprechenden Beratungsstelle oder bei einer der unten angeführten Adressen anfragen.

Dr. Rötzer ist dankbar für jede leihweise Zusendung von Aufzeichnungen nach der Entbindung.

Hinweis für die Wechseljahre: Die oben angeführten Verhaltensmaßregeln bei Auftreten des Zeichens S, bei »Blutungen« und bei eventuellem Temperaturanstieg gelten in gleicher Weise für die Wechseljahre. Sie erlauben eine verläßliche Vermeidung einer Empfängnis.
Es darf aber nicht übersehen werden, daß sofort ein Frauenfacharzt aufzusuchen ist, wenn unzeitgemäße »Blutungen« auftreten!

Weitere Hilfe für die Auslegung des Zyklus der Frau:

Da es im deutschen Sprachraum bedauerlicherweise noch keine Kurse für Ehepaare gibt, die das Wissen um den Zyklus der Frau genügend ausführlich vermitteln, ist das einzelne Ehepaar bei der Auslegung seiner Aufzeichnungen oft überfordert. Vorläufig können wir diesen Ehepaaren nur insofern eine Hilfe anbieten, als sich jedes Paar mit etwaigen Fragen direkt an

        Dr. Josef Rötzer
        Vorstadt 6
        A-4840 Vöcklabruck
            Oberösterreich

wenden darf.

Ingrid Trobisch

Mit Freuden Frau sein
und was der Mann dazu tun kann

1. Teil zu dem vorliegenden Buch
ABCteam Bd. C 10, Paperback, 136 Seiten, 12 Abbildungen

Ingrid Trobisch ermutigt zum bewußten Erleben der eigenen Geschlechtlichkeit. Sie warnt davor, diesen Bereich zu verdrängen oder
zu verabsolutieren.

Im Gegenüber zum Mann soll die Frau entsprechend Gottes Schöpfungsordnung ihr Frausein entfalten. Nur so kann sie dem Mann
sein, was sie sein soll: die von ihm gesuchte Ergänzung, seine Gehil-
fin. Sexuelles Erleben, Fruchtbarkeit und Empfängnisregelung,
Schwangerschaft, Geburt und Stillen, Wechseljahre und Reife —
alle diese Bereiche der Frau bedingen einander, wirken aufeinander
ein und lassen sich nicht voneinander trennen. Die Autorin stützt
sich dabei auf Erkenntnisse von Experten, auf ihre eigene Erfahrung
als Frau und Mutter von fünf Kindern und auf Begegnungen und
Gespräche mit vielen Ehepaaren und Menschen aus verschiedenen
Erdteilen und Kulturen.

Das einleitende Kapitel über die Selbstannahme der Frau wird vielen Frauen eine Hilfe sein. Doch da nach der Schöpfungsordnung
Gottes Mann und Frau zusammengehören, muß sie sich auch immer
wieder an männliche Leser wenden. Beiden, Mann und Frau, soll
dieses Buch eine Hilfe sein. Für beide ist es geschrieben.

R. BROCKHAUS VERLAG WUPPERTAL

Bücher von Walter Trobisch:

Liebe ist ein Gefühl, das man lernen muß
R. Brockhaus Taschenbuch TWEEN 2001
44 Seiten, kartoniert

Der Autor zeigt anhand praktischer Beispiele, daß Liebe mehr bedeutet, als im siebenten Himmel zu schweben. Auch Leiden und Verzicht gehören zur Liebe, denn in ihnen kann sich ihre Tragfähigkeit erweisen. Deshalb ist Liebe ein Gefühl, das man lernen muß. Und das man lernen kann, weil Einer da ist, der uns liebt.

Kleine Therapie für geistliche Durststrecken
R. Brockhaus Linienbuch Nr. 18
40 Seiten, kartoniert

Geistliche Durststrecken, in denen Bibellesen zur lästigen Pflicht wird und Gott schweigt, erlebt jeder Christ dann und wann einmal. Der Autor beschreibt einige der Ursachen solcher Dürreperioden und gibt praktische Anleitungen zu ihrer Überwindung.

Liebe dich selbst
Selbstannahme und Schwermut

R. Brockhaus Taschenbuch Nr. 226
72 Seiten, kartoniert

„Liebe dich selbst" — Diese Aufforderung mag viele überraschen, ja, schockieren. Aber „es gibt keine Nächstenliebe ohne Selbstliebe", sagt Walter Trobisch.
Kann man Selbstliebe lernen? Wo liegt die Grenze zwischen Selbstliebe und Selbstsucht? Sind Selbstliebe und Selbstlosigkeit einander ausschließende Gegensätze? Was sind die Folgen mangelnder Selbstliebe?
Eine Folge mangelnder Selbstliebe ist die Schwermut. Wie sie überwunden oder zumindest ertragen werden kann, zeigt der zweite Teil dieses Buches.

R. BROCKHAUS VERLAG WUPPERTAL